聞いてみる

行ってみる

最強の
社会調査入門
これから質的調査をはじめる人のために

やってみる

前田拓也
秋谷直矩
朴沙羅
木下衆 ――― 編

読んでみる

ナカニシヤ出版

はじめに——この本を手に取ってくれた方へ

1.「面白くて、マネしたくなる」を目指して

「社会学の社会調査って、こんなに面白いんだ」「これだったらマネできそうだから、やってみよう」と、読者の皆さんに思ってもらう。つまり「面白くて、マネしたくなる」。それが、この本のテーマです。

そう、社会調査って面白いんです！　皆さんの多くは、何らかの必要に迫られて、つまり何か「やらないといけないこと」があるから、この本を手に取ってくれたはずです。「大学の講義で課題が出たから」「卒業研究をしないといけなくて」「大学院入学を目指して研究計画をたてるため」などなど。そしてそんななか、「だけど、どこから手をつけたらいいんだろう」などと困っていることでしょう。そうやって必要に迫られて、困っているとき、私たちが「やらないといけないこと」は、「つまらないこと」になりがちです。

だけど、どうせ「やらないといけない」なら、「面白い！」と思えたほうがいい。この本にはそんな思いをもった、16人の社会学者が集っています。私たち16人にとって社会調査は、仕事として「やらないといけないこと」です。しかし私たちにとって、そのやらないといけないことには、たくさんの「面白いこと」が詰まっています。だったら、その面白さを伝えたい。

ただし、何かの「面白さ」を知るためには、「上手くできるようになっていく」ことが肝心です。いつまでたってもやり方が上達しなければ、何事もつまらないままです。それはスポーツやゲームだけでなく、社会調査についても同じです。

だったら、日々、社会調査を面白いと思っている私たちのやり方を、いわば実例として提示し、それをマネしてもらうのが一番手っ取り早いのではないか——私たちはそう考えて、この本を作りました。

i

はじめに

(1) あなたの悩みは、私たちが経験したこと

ところで、皆さんはおそらく、実際に調査を始めるといろんな悩みを抱えるはずです。例えば、「インタビューしようと思ったけど、相手に何を聞いていいのかわからない」。あるいは「参与観察しようと思ったけど、その場に圧倒されて何に注目したらいいかわからなかった」。調査実習なら、「グループのあいだで意見が別れて苦労する」。さらに、自分の個人的な経験をきっかけに調査を始めたのに、「私の経験をどう社会と結びつけていいのかわからない」などなど。これらは、私たちが学部生の皆さんから実際に聞かされた悩みの、いくつかの例です。

実は、こうして皆さんが調査で抱える悩みは、今はプロの社会学者となった私たちが抱えていた（あるいは、今も抱えている）悩みと、まったく同じなんです。例えば、「親戚に話を聞いたら盛り気味で困った」（第1章：朴沙羅）、「介護家族の集まりで上手くノートが取れない」（第9章：木下衆）、「研究グループ内で方向性に違いが生まれた」（第12章：平井秀幸）、そして「自分がイラッとした体験を言語化できない」（第2章：矢吹康夫）、などなど。今はプロになった私たちだって、こうして失敗を繰り返すなかで、上手くできるようになってきたわけです。あるいは私たちは、社会調査を仕事として長く続けているぶん、読者の皆さんより失敗経験が豊富だといえるかもしれません。

だからこの本では、私たちが調査でどんな失敗をしてきたか、そしてそれを乗り越えるためにどんな工夫をしたか、できるだけセットで書くようにしました。そうすれば、皆さんが調査で何かにつまずいたときに、その対処法を「マネしやすく」なるでしょう。あるいはそもそも調査でつまずかないため、私たちの失敗を「マネしない」ことも、できるからです。

(2) 調査できれば、面白くなる、面白くなれば、調査もはかどる

とはいえ、私たちは「なんでもいいからとにかくやってみろ」と、むやみやたらに皆さんの背中を押すつもりはありません。調査先で、誰かに迷惑を

かけては元も子もありません（第4章：鶴田幸恵）。あるいは、特に女性はハラスメントなどの被害の危険にも晒されがちです（第6章：松田さおり）。調査は自分の自由にならないことばかりなので、場合によれば勇気ある撤退をすべきときもあります（第12章：平井秀幸）。

しかし、この本を読み進めていけば、皆さんは読む前に比べて、ずっと調査を上手くできるようになっているはずです。そして調査が上手くできるようになれば、今度は調査の面白さもつかめてきます。そうすれば、作業もどんどんはかどるでしょう。

この本には、こうして「調査が上手くできるようになること」と「調査が面白くなること」が相乗効果を上げるプロセスを、できるだけ書き込みました。例えば、「ホステスクラブ」のような「いかがわしい場所」での調査は、パッと見ただけで面白そうだと思われるでしょう（第6章：松田さおり）。では、「会議で紙を配ること」の調査（第13章：秋谷直矩）はどうでしょうか？

とても、面白そうには聞こえません。しかしこんな日常的な場面でも、調査のコツさえつかめば、途端に面白い場面に見えてくるのです。

調査できれば、面白くなる。面白くなれば、調査もはかどる。――そんな経験ができるように、この本をぜひ、使いきって下さい。

2. この本の使い方

この本は、読者の皆さんが社会調査の実例を読み進めるなかで、「この調査って面白い！」「これならマネしたい！」と思ってもらえるよう、いくつかの工夫をしました。以下、「目次の見方」と「本文の構成」の順で、説明します。

(1) 目次の見方

4つの分類

この本は、社会調査のなかでも、いわゆる質的調査と呼ばれるものを対象に、その方法を4つ――「聞いてみる」「やってみる」「行ってみる」「読ん

はじめに

でみる」——に分類して紹介しています。「聞いてみる」はインタビュー調査に、「やってみる」と「行ってみる」は参与観察（フィールドワーク）に、「読んでみる」は文献資料の調査に、それぞれ相当します。

　こういう分類にしたのは、「社会調査」を、「私たちが普段やっていること」とつなげて考えてもらいたいからです。インタビューというと何だか大仰ですが、それは要するに誰かに話を「聞いてみる」ことなわけです。また、参与観察という言葉を使うとずいぶんいろいろな調査がひとまとめになってしまいますが、「その場のメンバー」として同じ仕事を「やってみる」ことと、その場には「行ってみる」けど、「自分はあくまで調査者です」と距離を置いて調査をすることでは、ずいぶん事情が違うはずです。

　社会調査の専門的な分類を離れ、あえて「私たちが普段やっていること」に即して分類することで、皆さんがマネしやすい構成を目指しました。

拾い読みのススメ

　この本は、すべての読者が、最初から最後まで順番に、すべての章を通して読むことを想定して作られてはいません。

　もちろん、すべての章を読んでもらったほうがうれしいですが、私たちはむしろこの本を、積極的に「拾い読み」することをおすすめします。例えば、「授業でインタビューの課題が出たけど、みんなどうやっているのだろう？」と不安に思った人は、「聞いてみる」の部に収録されている４本の論文を、とりあえず読んでみて下さい。あるいは、「卒論で、たくさんの文献資料を読み進めるタイプの調査をやりたい！」と思っている人は、「読んでみる」の部に収録されている３本の論文を読んでみて下さい。そんなふうに、自分の課題にあわせて拾い読みしてみて下さい。

　さらに私たちは、この本をこんなふうに読んでもらいたいと思っています。例えば、何か調査を始めようと思ったけど、「どうやって問いを立てればよいのだろう？」「どういう見通しで調査を進めればよいのだろう？」と、調査開始前から悩んでいる。あるいは、調査を始めてみたはいいけど、「今、ここで何をしたらいいのだろう」と、不安になってしまった。——そんなふ

うに、何か悩みを抱えたり不安になったりした人が、自分の悩みや不安に関連しそうな章をまずは拾い読みしていく。そんな読み方です。

「こんなとき、こんな人に読んでほしい」というタグの意味

　そこで私たちは、目次にある工夫をしました。目次を見ると、その章と節の並びのあとに、「こんなとき、こんな人に読んでほしい！」という項目があります。これは、この章がどんな悩みにこたえられるか、この章をどんな人に読んでほしいか、私たちなりに整理したものです。

　いわば、すべての論文がタグ付けされている（特徴ごとにラベルが張られている）わけです。このタグを見れば、その章の特徴がわかるはずです。例えばあなたが「雑誌を研究対象にしたい」と考えているのであれば、「情報メディアを活用したかったら」タグのついた第14章（牧野智和）へ、「自分の趣味を研究対象にしたい」と考えているのであれば、「自分の好きなもの（趣味）を扱いたかったら」タグのついた第11章（東園子）へ、といった具合です。

　そしてこのタグは、各部・各章を超えて、複数の論文についている場合があります。例えばあなたが、「調査先で怒られないか心配だ」と不安になったとします。目次を見ると、「調査先で叱られないか心配だったら」というタグがついているのは、第4章（鶴田幸恵）、第7章（有本尚央）、第8章（打越正行）となっています。こうして、いくつかの章を読み比べることも、ぜひやってみて下さい。

(2) 本文の構成

「これから紹介する調査をもとにして書かれた論文」項目の意味

　さて、こうして目次を参考に各章に移動すると、「これから紹介する調査をもとにして書かれた論文」という項目が、タイトルの下にまずあります。これは名前のとおり、それぞれの章で紹介する調査から、その後どんな論文が書かれたのか、その内容を紹介したものです。

　この項目は、ひとまず読み飛ばしてもらっても、かまいません。この項目

を読まなくても、本文の内容は理解できます。

　しかし、調査をするだけでなく、良いレポートや良い論文を書くことを目指す人は、この項目にも注意して下さい。どういう調査を行ない、どのようなデータを集めるかは、どのような論文（レポート）を書くかと密接に関わります。また逆に、書きたい論文（レポート）のスタイルによって、必要なデータや調査の進め方も異なってきます。例えば、「調査対象の全体像を知りたい」と思って調査が始まった第3章（デブナール・ミロシュ）、第14章（牧野智和）と、「細かいことを気にしてみる」第13章（秋谷直矩）、第15章（小宮友根）、第16章（酒井信一郎）では、調査の進め方だけでなく、論文の書き方のスタイルもずいぶんと異なるはずです。

特設サイト活用のススメ
　そしてもし関心がわいたら、この本の特設サイト（http://maedat.com/works/saikyo）から、「これから紹介する調査をもとにして書かれた論文」をダウンロードして、読んでみて下さい。「こういうふうに調査を進めたら、こういうふうに分析したり、引用したりすればよいのか」と、たくさんの発見があるはずです。

　これは、皆さんが調査を「マネしやすく」なるための、工夫です。調査の進め方とその成果がどうつながっているのかがイメージできると、調査のときにどこに気をつければいいのか、よりわかりやすくなるでしょう。

　あるいは、この本をこんなふうに使ってもらってもかまいません。「これから紹介する調査をもとにして書かれた論文」のなかで、特に気になる論文があったら、サイトからその論文をダウンロードして、先に読んでみて下さい。その後で各章に戻ると、「あの論文は、こんな調査から出来上がっていたんだ！」と、まるでメイキング過程を覗いているような面白さを感じられるはずです（なお、サイトでは一部、ダウンロードできない書籍も紹介しています。そうした本は、ぜひ書店や図書館などで探してみて下さい）。

(3) 使い方は無限大

　そうやって、この本の使い方は無限大に広がっていきます。ある部をまとめて読んでもいいし、タグに沿って拾い読みしてもいい。もちろん、最初から順に読んでもいい。特設サイトにアクセスしなくてもいいし、「これから紹介する調査をもとにして書かれた論文」をダウンロードして先に読んでもいい。

　この本はそうやって、皆さんを刺激し、いろいろな使い方をしてもらえるように作られました。各部の4つの分け方や、目次につけたタグは、それぞれの論文を関連づける1つのやり方で、絶対的なものではありません。皆さんはきっと、この本を読み進めていくうちに、それぞれの章のあいだの思わぬ関連や、自分なりの整理の仕方を見つけてくれると、期待しています。

解決策は1つではない

　そして、そうやってこの本を読み進めていると、気になることが出てくるでしょう。例えば、「どうやって問いを立てればいいのだろう？」という悩みに対し、第15章（小宮友根）は「調査を始める前にきちんと自分の問題意識を磨こう」と答えてくれるかもしれません。しかし一方、第7章（有本尚央）や第11章（東園子）は、「調査が始まってから問いを洗練させていけばいいのだよ」と答えてくれるかもしれません。あるいは、「調査先で怒られないか心配だ」という悩みに対し、第4章（鶴田幸恵）は「相手に失礼のないように、まずはきちんと図書館で勉強しなさい」と答えてくれるかもしれません。しかし第7章（有本尚央）や第8章（打越正行）は、「もちろん失礼があってはよくないけど、誰かに怒られることから見えるものもあるから、あまり心配しすぎないで」と答えてくれるかもしれません。

　つまり、同じ悩みに対して、この本のなかでは一見矛盾するような解決策が示されていることがあるのです。

　しかし、そのことを私たちは、積極的に捉えています。調査対象も違う、調査期間も違う、調査先での扱いも違う（例えば第10章の團康晃は、学校に

はじめに

限られた期間、「調査者」として関わりましたが、第8章の打越正行は、今でもずっと、暴走族の「パシリ」をしています)。そんなふうにそれぞれの事情が異なる以上、同じ悩みに対して違う答えが導き出されるのは、当然のことです。解決策は1つではないのです。

ですから私たちは、読者の皆さんが抱えがちな悩みに対して、答えの出し方のバリエーションをできるだけ示したいと思いました。もし、皆さんから見て対立するようなことがこの本のなかに書いてあれば、読み比べて、皆さんの事情にできるだけあったものを参考にして下さい。あるいは、「自分の場合どうしたらいいだろう？」と、身近な先生や先輩に相談するのも、この本の使い方です。

町に出るなら、この書を持って

「こんなことを調べたいな」と頭のなかで考える段階から、実際にデータを集め、レポートや論文を書くまで、この本をぜひ手許に置いて下さい。この本は、皆さんが調査の進め方に悩んだとき、「このやり方で頑張ろうよ」と背中を押してくれたり、「いやいやこのやり方だとマズいぞ」と踏みとどまらせてくれたりする、良きパートナーになってくれるはずです。

この本を通じて、皆さんの調査体験が楽しくなっていくこと、そして読書体験が広がっていくことを、私たちは願っています。

木下衆・前田拓也・秋谷直矩・朴沙羅

目　　次

はじめに――この本を手に取ってくれた方へ　i

第Ⅰ部　聞いてみる

1　昔の（盛ってる）話を聞きにいく ……………………………朴沙羅　3
　　――よく知っている人の体験談を調査するときは
　　　　1．家族に話を聞いてみる　3
　　　　2．何を持っていくか、調査中に何をするか、そのあとに何をすればいいか　5
　　　　3．試行錯誤する　8
　　　　4．「嘘」と「本当」のあいだ　11
　【こんなとき、こんな人に読んでほしい！】
　身近な人を扱いたかったら、途中で「問い」を見失ったら

2　仲間内の「あるある」を聞きにいく …………………………矢吹康夫　14
　　――個人的な経験から社会調査を始める方法
　　　　1．共有できる仲間を見つける　14
　　　　2．自分の経験を言語化してくれるものを見つける　17
　　　　3．調査協力者を見つける　19
　　　　4．社会調査としての意味を見つける　22
　【こんなとき、こんな人に読んでほしい！】
　情報メディアを活用したかったら、身近な人を扱いたかったら、「自分の経験」を活かしたくなったら

目　次

3　私のインタビュー戦略 …………………………デブナール・ミロシュ　25
　　──現在の生活を理解するインタビュー調査
　　　1.　インタビューとは何か？　25
　　　2.　「何が面白い？」──研究対象と問題意識を見つける　27
　　　3.　とりあえず聞いてみる　28
　　　4.　問題意識をより具体化して調査を続ける　29
　　　5.　本事例のインタビュー戦略　36
　【こんなとき、こんな人に読んでほしい！】
　対象の「部分」より「全体像」を知りたくなったら、「とりあえずなにかをはじめてみたい」なら

4　キーパーソンを見つける ………………………………鶴田幸恵　38
　　──どうやって雪だるまを転がすか
　　　1.　まず、話を聞きにいく前に　38
　　　2.　キーパーソンを見つける　40
　　　3.　聞き取りのコツ　44
　　　4.　押しは強く腰は低く　46
　【こんなとき、こんな人に読んでほしい！】
　調査先で叱られないか心配だったら、調査の相手とどう付き合えばいいかわからなくなったら

第Ⅱ部　やってみる

5　「わたし」を書く ………………………………………前田拓也　51
　　──障害者の介助を「やってみる」
　　　1.　読者に向かって「わたし」を書く　51
　　　2.　「そこにいてもかまわない」ということ　53
　　　3.　やってみたはいいけれど　55
　　　4.　「わたし」という対象に出会う　57
　　　5.　「ちいさな世界」から書いてみる　60

目　　次

【こんなとき、こんな人に読んでほしい！】
仕事／働きかたを扱いたかったら、「自分の経験」を活かしたくなったら、「とりあえずなにかをはじめてみたい」なら

6　「ホステス」をやってみた ……………………………………松田さおり　62
──コウモリ的フィールドワーカーのススメ

1. コウモリ的立場とは何か？　62
2. コウモリ的立場の効用①──考察対象と調査立場の発見　64
3. コウモリ的立場の効用②──現場におけるハラスメント・誘惑・危険への対処　69
4. コウモリ的フィールドワーカーのススメ　71

【こんなとき、こんな人に読んでほしい！】
仕事／働きかたを扱いたかったら、「自分の経験」を活かしたくなったら、調査の相手とどう付き合えばいいかわからなくなったら、約束事の多い場所で調査をすることになったら

7　〈失敗〉にまなぶ、〈失敗〉をまなぶ ……………………………有本尚央　74
──調査前日、眠れない夜のために

1. 祭りを「やってみる」　74
2. 調査における〈失敗〉　77
3. なにができるのか、なにができないのか　81
4. 〈失敗〉にまなぶ、〈失敗〉をまなぶ　83

【こんなとき、こんな人に読んでほしい！】
「自分の経験」を活かしたくなったら、すでにある「問い」をもっと洗練したかったら、調査先で叱られないか心配だったら、調査の相手とどう付き合えばいいかわからなくなったら

8　暴走族のパシリになる ……………………………………………打越正行　86
──「分厚い記述」から「隙のある調査者による記述」へ

1. 暴走族少年たちとの出会い　87

目　次

　　　2.　沖組トランプ大会　*89*
　　　3.　失敗からわかったこと　*92*
　　　4.　調査者の失敗　*94*
　　　5.　おわりに　*95*
　【こんなとき、こんな人に読んでほしい！】
　仕事／働きかたを扱いたかったら、「自分の経験」を活かしたくなったら、調査先で叱られないか心配だったら、調査の相手とどう付き合えばいいかわからなくなったら

第Ⅲ部　行ってみる

9　フィールドノートをとる……………………………………木下衆　*103*
　　──記録すること、省略すること
　　　1.　自分で書いた「ノート」は、「データ」になる　*103*
　　　2.　はじめて、フィールドでノートをとる　*104*
　　　3.　ノートをとりはじめて気づいた、2つの問題　*107*
　　　4.　調査が上手くいかない、「我慢の時期」にやったこと　*110*
　　　5.　何をノートにとるか　*112*
　　　6.　何かを省略する＝記録しないという思い切り　*115*
　【こんなとき、こんな人に読んでほしい！】
　途中で「問い」を見失ったら、約束事の多い場所で調査をすることになったら

10　学校の中の調査者……………………………………………團康晃　*119*
　　──問い合わせから学校の中ですごすまで
　　　1.　調査のための様々な手続き　*119*
　　　2.　学校の中の調査者　*123*
　　　3.　調査のなかで不安になること　*129*
　　　4.　おわりに　*130*
　【こんなとき、こんな人に読んでほしい！】
　調査の相手とどう付き合えばいいかわからなくなったら、約束事の多い場所で

目　次

調査をすることになったら

11　好きなもの研究の方法………………………………東園子　*132*
――あるいは問いの立て方、磨き方
1. 好きなものを研究してはダメ？　*132*
2. 研究すべきかどうか、それが問題だ　*133*
3. 毎日がフィールドワーク　*137*
4. ファンモードと研究者モード　*142*

【こんなとき、こんな人に読んでほしい！】
身近な人を扱いたかったら、自分の好きなもの（趣味）を扱いたかったら、すでにある「問い」をもっと洗練したかったら

12　刑務所で「ブルー」になる………………………平井秀幸　*144*
――「不自由」なフィールドワークは「不可能」ではない
1. 「不自由」なフィールドワーク？　*144*
2. フィールドからの多様な期待に応える　*146*
3. 「私」の問題関心をどうするか　*150*
4. 「実践の記述」の枠内で、「私」の問題関心を追及する　*152*
5. 「不自由」なフィールドワークは「不可能」ではない　*154*

【こんなとき、こんな人に読んでほしい！】
途中で「問い」を見失ったら、約束事の多い場所で調査をすることになったら

13　仕事場のやり取りを見る………………………………秋谷直矩　*159*
――「いつもこんなかんじでやっている」と「いつもと違う」
1. 「ふつう」に会議が始まる――ふつうにって何？　*159*
2. 「いつもこんなかんじでやっている」を紐解く　*161*
3. 「いつもと違う」を紐解く　*164*
4. 「いつもこんなかんじでやっている」と「いつもと違う」の結びつき　*167*

xiii

目　次

　　5. おわりに——なぜ私はこんな作業をしてきたのか　*168*

【こんなとき、こんな人に読んでほしい！】
仕事／働きかたを扱いたかったら

第Ⅳ部　読んでみる

14　「ほとんど全部」を読む……………………………牧野智和　*175*
　　——メディア資料を「ちゃんと」選び、分析する

　　1. 「自己分析」を分析する？　*175*
　　2. 分析対象を定める　*177*
　　3. 分析対象を絞り込む　*179*
　　4. たくさんのメディア資料を分析する　*182*

【こんなとき、こんな人に読んでほしい！】
情報メディアを活用したかったら、対象の「部分」より「全体像」を知りたくなったら、「とりあえずなにかをはじめてみたい」なら

15　判決文を「読む」……………………………………小宮友根　*187*
　　——「素人でいる」ことから始める社会調査

　　1. はじめに　*187*
　　2. 文書の「社会調査」の視点①——文書の日常性と使用目的　*190*
　　3. 文書の「社会調査」の視点②——「なぜほかではなくそれが」　*192*
　　4. 文書の「社会調査」の視点③——専門的議論に習熟する　*196*
　　5. おわりに——それで結局何がわかるのか　*200*

【こんなとき、こんな人に読んでほしい！】
情報メディアを活用したかったら

16　読む経験を「読む」…………………………………酒井信一郎　*202*
　　——社会学者の自明性を疑う調査の方法

　　　　　　　　　　　　　　　　　　　　　　　　　目　　次

　　1.　社会調査は対象の何に「社会」を見るのか　*202*
　　2.　データに遭遇する　*205*
　　3.　社会学者の自明性を疑う　*210*
【こんなとき、こんな人に読んでほしい！】
情報メディアを活用したかったら、自分の好きなもの（趣味）を扱いたかったら

おわりに――社会学をするってどういうこと？　*213*

索引〔人名／事項〕　*221*

```
┌─ タグ別目次 ─────────────────────────────
│ 仕事／働きかたを扱いたかったら……………5章、6章、8章、13章
│ 情報メディアを活用したかったら……………2章、14章、15章、16章
│ 身近な人を扱いたかったら……………1章、2章、11章
│ 「自分の経験」を活かしたくなったら……………2章、5章、6章、7章、8章
│ 自分の好きなもの（趣味）を扱いたかったら……………11章、16章
│ 途中で「問い」を見失ったら……………1章、9章、12章
│ すでにある「問い」をもっと洗練したかったら……………7章、11章
│ 対象の「部分」より「全体像」を知りたくなったら……………3章、14章
│ 調査先で叱られないか心配だったら……………4章、7章、8章
│ 調査の相手とどう付き合えばいいかわからなくなったら……………4章、6章、
│ 　　7章、8章、10章
│ 約束事の多い場所で調査をすることになったら……………6章、9章、10章、
│ 　　12章
│ 「とりあえずなにかをはじめてみたい」なら……………3章、5章、14章
└─────────────────────────────────────
```

xv

第Ⅰ部
聞いてみる

何か知りたいことがある。誰かに話を聞きにいく。なんて安直な。そうかも知れません。社会調査と聞いて、まずインタビューを思い浮かべる方も多いのではないでしょうか。
　しかし、いっけん簡単そうな「聞いてみる」方法を選ぶや、様々な問題が湧いてきます。誰に話を聞けばいいのか、どうやって話をしてくれる人と出会うことができるのか、どれくらいの時間や回数を重ねればいいのか、どういう質問をすればいいのか、話を聞いたあとにどうすればいいのか。
　知らない人に出会うこと、知っている人の知らなかった経験を聞くことは、それだけでわくわくする体験です。それだけで何かが書けそうな気がしてしまいます。
　しかし、知りたいことを教えてくれる人と出会うのは、そう簡単ではありません。聞いた話を「社会学的に」書くことも、そう簡単ではありません。話をする、聞くという単純なやりとりに至るまでとそのあとには、たくさんの疑問が控えています。
　第Ⅰ部では、そういった疑問に答えてきた人たちの調査が書かれています。すでにある人間関係の中で話を聞きにいった人もいれば、話を聞きにいくために知らない所に踏み込んでいった人もいます。ひとりひとりの調査が、聞いてみることの面白さと、聞いてみるための工夫を伝えています。
　敷居は低く、奥は深い、「聞いてみる」調査の世界へようこそ。

（朴　沙羅）

1 昔の（盛ってる）話を聞きにいく

よく知っている人の体験談を調査するときは

朴沙羅

> ── これから紹介する調査をもとにして書かれた論文 ──
>
> 朴沙羅「〈事実〉をつくる──吹田事件と言説の政治」『ソシオロジ』社会学研究会、54巻3号、2010年、89-104頁。
>
> 　本論文は、1952年6月に大阪府で起こった吹田事件という事件の流れを整理し、事件に関わった組織や参加した個々人の記憶から、戦後日本社会における在日コリアンという「民族」集団の形成過程の一側面を明らかにしようと試みたものだ。吹田事件は同日に起こった枚方事件とともに、日本共産党の主催による集会・デモ行進・軍事行動で成り立っており、多くの在日コリアンが関わっていた。論文では吹田事件で実際に何が起こったのか、その事件が関係者によってどのように語られてきたかを調査し、日朝両民族の共闘を目指したはずの社会運動が、最終的にこの2つの「民族」の分断を招くに至ったと述べた。

1. 家族に話を聞いてみる

　この本を読んでいるあなたは、自分の両親のことをどれくらい知っているだろうか。職業と出身地くらいは知っているかもしれない。ではどうやって今の仕事に就いたか、どこの小学校に行ったか、となるとどうだろうか。祖父母ならどうだろうか。父方だけ、母方だけでも大体の経歴を知っているだろうか。親戚のおじ・おばに当たる人々ならどうだろうか。あるいは近所のおじさんおばさん、年上の友人たちについてどれほどのことを知っているだろうか。彼らの経歴を断片的に聞いたことがあれば御の字で、そもそも全く知らない場合も多いだろう。

第Ⅰ部 聞いてみる

　この章では、身近な人を社会調査の対象にできること、そういう調査をしたあとにいろいろな問題にぶつかること、そしてそういういろいろな問題から身近な人たちの経験してきた過去の社会についてたくさんのことがわかることを伝えたい。

　私が大学3年生のとき、社会学の授業（社会調査士A科目）で、夏休みの課題が出された。どんな種類でもいいから、質的調査を行なって3000字程度のレポートを提出せよというものだった。そのとき私は、自分の親族にインタビュー調査をしてみようと思いついた。

　私の親族は在日コリアンで、多くは大阪府内に住んでいる。彼らに会うのは、他界した親族の命日ごとに何回か開かれる法事（祭祀）のときと、新年のときだ。法事のあとには必ず宴会になる。その席で伯父や伯母がよく昔の話をしている。といっても、きちんと順序立てて誰にでもわかるように話してくれるわけではなく、兄弟姉妹のあいだで「お前は昔はかくかくしかじかの問題を起こして、私が面倒をみてやったのに」とか「姉ちゃん、そんなこと言うけど、昔は俺のこといじめてたやんか」というような内容だ。

　私はそういう話の端々から、何となく、彼らがかつて韓国に住んでいたらしいことは知っていた。けれども、その後どうやって今に至ったのかまったく知らない。彼らはいつ、なぜ日本にやってきたのか、その後どういう仕事に就いたのか。いつ結婚したり引っ越したりしたのか。彼らの多くはすでに70代に入っており、しょっちゅう顔を合わせる仲でもない。それなら、いい機会だから、昔の話を聞きにいってみよう。そう思って、まず伯父のひとりに話をもちかけてみた。

　私には伯父が5人いたが、そのうち2人は調査時点で他界していた。そのため、存命していた伯父のなかで一番年長の伯父に連絡をとった。伯父は大阪市内に住んでおり、産業廃棄物処理の小さな会社を経営していた。数年前に退職し、週に何度か会社を覗きにいったりゴルフに出かけたりする以外はのんびりと過ごしていた。だからきっと時間に余裕があるはず、そう思ってインタビューを申し込んだ。

　といっても、「夏休みの課題として大学に提出するため、インタビュー調

査をしたい」ともちかけたわけではない。まず父から、私が伯父の過去を知りたがっていると話してもらい、そのあとに私から伯父の家に電話をかけ、「伯父さんたちが昔、韓国でどういうふうに暮らしていたのか、どうやって日本にやってきたのか知りたい。よかったら教えてくれないか」と頼んだのだ。伯父は快諾してくれ、インタビューの日取りや場所もすぐに決まった。

ちなみに伯母たちにも「伯母さんたちの人生譚を聞いてみたい」と申し出てみた。するとその場では了承してくれたものの、後日になって電話をかけたところ、何とも面倒くさそうな様子だったため、伯母たちへのインタビューは取りやめた。今にして思うと、数多くの親族のなかからこの伯父にインタビューを依頼した理由は、「いっぱい話してくれそうで、私が連絡をとりやすい人」という、とても安易な理由だった。

2. 何を持っていくか、調査中に何をするか、そのあとに何をすればいいか

荷物を用意する

日時は決まったものの、私にとっては人生初の「インタビュー調査」で、前の日の夕方になって何を用意したらいいのかわからず、あわてることになった。当時、私はすでにICレコーダーは持っていた（正確にいうと、最初のインタビュー時には研究室にあったICレコーダーを借り、2回目以後は自分で買ったものを使った）。今ならスマートフォンや携帯電話で録音ができることが多いので、わざわざ買ったり借りたりしなくてもいいかもしれない。それに加えて小さいノートを1冊用意し、伯父の家までの道順を確認した。というのも、伯父は暇にしているはずだが、自分以外の人間が待ち合わせに遅れると非常に怒るのが想像できたからだ。

何をノートにとるべきか

実際に伯父の家に到着してまず困ったのは、フィールドノートなるものをとるかとらないかという問題だった。授業ではフィールドノートをとったり、

第 I 部　聞いてみる

インタビューの印象が薄れないうちにその日の調査の様子を振り返ってまとめたりするように教わった気がする。そのため、最初の20分ぐらいは伯父の部屋の様子や伯父の表情についてメモしてみた。しかしすぐに「こんなことメモして、何か役に立つのだろうか？」という思いが湧いてきた。実際のところ、私が知りたいのは「インタビュー中の相手の振る舞い」ではなく「伯父の経歴・経験」なので、それに関連する情報が手に入ればいいはずだ。というわけで私は、周囲の様子や語り手の振る舞いを逐一記録するといったフィールドワーク的なノートの取り方をやめた。そのかわり、伯父が話した内容を単語あるいは短い文で、話された順番にメモしていった。

関係を生かす

　アポイントをとってからインタビューを行なうまでは、私と調査対象者が伯父と姪の間柄だったことが幸いしたかもしれない。お互いにそれなりに相手の素性を知っているけれども、そこまで親しいわけでもない。私にとっては、失礼にあたるような質問をしても、直截に「お前はアホか」と言ってもらえたり、同じ質問をするとすぐに「その話さっきしたとこやないけ」と言ってもらえたりしたのは、この微妙な距離感のおかげだったと今にして思う。それに、「昔の話を聞きたい」という質問がそれほど不自然でなかったのは、私と伯父が「親戚」だからこそではなかっただろうか。もちろん、インタビューに先立って、なぜ自分がほかならぬこの人に、この話を聞きたいのかという説明をするほうがいい。にもかかわらず、私がインタビューに際して頼んだことはただ1つ。「私は伯父さんの家族なのに、伯父さんのことを何も知らないから、伯父さんが今までどうしてきたのか教えてください」ということだった。伯父はかなり多弁な人で、当日は私が合いの手を入れるだけで2時間半ほど一気に話してくれた。こういった条件に加えて、伯父の辿ってきた人生のなかに私の知らない話題がたくさんあったこと、伯父自身も「自分語り」が好きだったといった幸運が重なって、結局、夏休み中に1回2時間半から3時間ほどのインタビューを合計4回行なった。

声から文字へ

　さて、録音したインタビューを次にどうするか。授業では録音した内容をひと通りすべて文字起こしするよう教わっていた。しかし「文字起こし」といっても、どのていど細かく起こせばいいのか。そう思って私は、図書館にあった『インタビューの社会学』（桜井　2002）という本を読んでみた。

　一読した感想は、「こんなややこしい文字起こしなんて無理」というものだった。そもそも私は、この本が対象としているようなインタビュー中の調査者と被調査者とのやりとりを分析したいわけではなかった。私が何を質問し、相手がどう答えたかが、方言や言い間違いなども含めて正確に文字化されていれば、沈黙が何秒続いたか一見してわかったり、会話の語尾が重なったかどうかがわかったりする必要はないと思われた。結局、文字起こしはこんなていどの簡単なもので十分だった（〔　〕内は補足）。

　　＊＊：〔小学校時代、出身地の村では〕何か遊んだりしはりましたか？
　　○○：そんときの遊びいうたら、5円玉みたいなやつを紙に丸めて、上をこう、ハサミ入れて、羽子の羽みたいにして、足で蹴るやつ。あれがわしの十八番。何ぼでもできる、今でも作ったらね。で、それと冬は凧揚げ。あれは冬の遊び。凧は凧同士、糸で絡み合って切りあいや。で、コマ。

インタビューと文字起こしのあいだに

　とはいえ、このやり方でも1時間の文字起こしにだいたい6時間ぐらいかかった。そのため、夏休みの中盤は毎日毎日録音したインタビューを聞きながら文字に起こし、それが終わるとインタビューをしにいくという日々を過ごした。

　その合間に、ふと気になったことがある。伯父が話を「盛って」いたらどうしよう、というものだ。伯父は悪意のある人ではまったくないが、自分に都合のいい話なら、あるいは「ウケる」と思ったら、話を広げるところがある。あるいは私相手ならばれないと思って、いい加減なことを言っているか

もしれない。特に家族と金銭が絡む話については怪しい。何となくそう思ったので、伯父の家にお邪魔するとき、彼の妻にも家族との関係について質問をしてみた。そこでわかったのは、伯父が話す家族との関係と、伯母から見た伯父の姿はどうやらまったく異なっているらしいということだった。

　また、その年の旧盆に、たまたま法事が開かれた。そこで伯父が経営していた会社（親族経営）に勤める他の伯父や従兄たちの話を小耳にはさんだ。そこでわかったのは、伯父はどうやら会社の経営についても成功事例をやや大げさに話しているようだということだった。とはいえ、家族関係というのはかなりプライバシーに関わる問題だし、会社の経営状態について本気で調べるためにはほかにいろいろと資料が必要だろうと思われたので、それ以上は詮索しなかった。ただ、いろいろな方向から話を聞いておくのは重要だと確認した。

3. 試行錯誤する

個人史を書いてみる

　音声を文字起こしする作業も大変だったが、むしろ大変なのはそこからだった。「聞きっぱなし」ではレポートが書けないという当たり前の問題に直面したのだ。ある意味で、この状況は「目的を説明しなくても話が聞ける」という利点の結果でもあった。話し手に調査の目的を説明する必要がなかったために、私自身も調査の目的を考えていなかったのだ。それはそのまま、調査データをどうすればいいのかわからなくなる状況と地続きだった。

　誰かの人生譚をかなり詳しく聞く調査を生活史研究というらしいことは、いちおうインタビューの前から知ってはいた。文字起こしが終わった段階で迷ったのは、この伯父の生活史なるものを、伯父の半生を通した伝記（個人史）として書くか、あるいはその一部分を使い、特定の話題を取り上げて分析するかということだった。

　そこでまず、インタビューを文字起こししたものを時系列順に並べ替え、雑談していたり話が脱線したり前後したりしている箇所を除いた。こうやっ

て並べ替えたものに解説をつければ個人史が書けるのではないかと思ったのだ。しかしすぐに「それを書いてどうするの？」という疑問が浮かんできた。しかし、この時点ですでに夏休みが終わりかけていたので、編集した文字起こしのあいだに、現代史や社会学の本から取り出した歴史的・用語的に関連しそうな事項を並べたものを提出した。

「社会学的」なトピックを探す

　そのあと、大学4年生になったとき、「去年これだけ手間と時間をかけたのだから、卒業論文で伯父の話を使ってみよう」と思いたった。3年生のとき、ただの文字起こしに解説をつけただけのものを出したため、自分でも納得がいかなかったという理由もある。

　では、伯父の話してくれた内容から社会学的なトピックを見つけて、それについて解説を書けばいいのだろうか。伯父が話してくれた彼の波乱万丈な人生譚は、卒業論文を書くための「ネタ」にあふれているように思えた。インタビュー中に出てきた話題には、ざっと挙げただけでも、韓国での農村の生活、日本へ渡航するまでの韓国社会の状況、大阪のエスニックコミュニティでの生活、中学校生活、職業の選択、結婚と家庭生活といった話題があった。これらを例えば、韓国現代史・村落組織・エスニックコミュニティの歴史的変遷や移住者に対しての機能・学校生活と民族差別・定住外国人の就労・ジェンダー規範といった「社会学的」な分析枠組みのなかに入れることは、すぐにできそうな気がした。

　そこで、伯父のジェンダー規範と家族観について分析してみようと思った。手順としては、まず伯父の発言のなかからジェンダー概念や家族観について語っているところをピックアップする（このときにはインタビュー時にノートをとっていたことが幸いした。録音のどの箇所で何を言っているのかが調べやすいからだ）。次に、ジェンダー研究の概説書や社会学の事典の項目を読んで、伯父の話している内容をうまく説明してくれそうな部分を当てはめてみた。しかし、どうもしっくりこない。次に、伯父のエスニック・アイデンティティについて分析してみようと思い、ジェンダーや家族観について調べよう

と思ったときと同じ手順を踏んだ。やはり何か上滑りしているような気がして納得がいかない。

　あとになって気付いたのだが、このとき（インタビュー内容から社会学的トピックを探そうとしたとき）も、そしてその1年前に伯父の個人史を書いたときも、私は伯父の話を通して、その「向こう側」にある何か「社会学的」な（採点者に「社会学的」と思われると私が考えるような）テーマに接近しようとしていた。けれども、私がやりたいのはそういうことなのだろうか。たしかに、そういった「社会学的」な概念を使わなければ「社会学」として認められるような卒業論文は書けないような気がした。けれども、こういった「社会学的」な枠組みのなかに伯父の体験を位置づけたところで、それは「ただの（精彩に富んだ）一例」になるだけではないのか。「あなたの伯父さんがたまたまそういう人だったからこういう話になっただけではないか」と言われるのではないか。では伯父のような人の話をたくさん集めてくればいいのか。いくつ集めればいいのか。それで何がわかるのか。1年前にレポートとして提出したような、インタビューを文字起こししたもののあいだに辞書の項目のコピーが並ぶような、そういうものがもう1つできあがるだけではないのか。

　ここまで考えたところで、そもそも私がしたいのはそういうことだったのだろうかという疑問がわいてきた。私が伯父にインタビューを申し込んだのは、伯父の人生譚を通じて社会学的な概念を勉強したいと思ったからではなかった。私は単純に、伯父が経験してきた過去を知りたかった。伯父や私の親族は何を考え、どう行動してきたのか、彼らにとって韓国社会と日本社会とはどういう場所なのかを知りたかった。もっと伯父の話してくれたこと、伯父自身の経験したことをそのまま分析できる方法はないのか。つまり、伯父が体験した過去とは伯父にとって何だったのか、もっとよくわかるような方法は。

　結局、迷いに迷った結果、卒業論文はまったく別の内容で書いて、散々な出来だった。これが悔しくて、修士課程に進学したあと、あらためて伯父のインタビュー内容を使って論文を書くことになる。その結果が、この章の冒

4.「嘘」と「本当」のあいだ

「裏付け」のない話

　そうやって書いた論文がどういうものになったかは、冒頭に挙げた論文を読んでみてほしい。「これのどこが「伯父の過去」なのか」と思う人もいるだろう。論文のなかに伯父の個人名は出てこず、伯父の話は「裏付け」のない個人の体験談としてしか出てこない。

　個人の生活史を対象とするとき、相手がよほどの有名人か、よく知られた事件に関わった場合を除くと、「裏付け」を得られるような情報はなかなか手に入らない。論文で取り上げた「吹田事件」も、デモや集会について書いた新聞記事や本や裁判の記録はあったが、伯父自身の体験を裏付けてくれるような資料はなかった。言い換えると、インタビューをしたときから論文を書いたときまで、私には伯父の話の「裏」をとることが不可能だった。

データ同士の関係とデータの意味を考える

　では、伯父は「吹田事件」について「嘘」をついていたのだろうか。あるいは家族や会社について話したときのように、話を「盛って」いたのだろうか。少なくとも、インタビューしたときから今まで、私はそう思っていない。

　日常的な感覚からすると、ある出来事について10人の言っていることと、1人の言っていることとが違えば、おそらくその1人はいい加減なことを言っているのではないかと考えられる。けれども、もしかしたらその1人は本当に体験したことを話しているかも知れない。そして、その1人を疑う特別な事情がないのであれば、その1人の言っていることは何なのか、まじめに検討してみてもいいはずだ。そういうふうに検討し始めると、嘘か本当かという判断基準の代わりに、それぞれの人や物が伝えてくれる情報どうしの関係はどうなっているか、という判断基準が出てくる。嘘か本当かを調べるのではなく、あるデータが伝えていることは何なのか、そのデータからわか

ることは何かを考えながら、語られたことを分析していく作業に入るからだ。

　実際に昔の体験談を聞きにいくとき、「本当かな？」と思ってしまうような場面に数多く出会うだろう。けれども、そこで聞いたことをすべて疑ってみたり、あるいは「真偽」という基準を捨ててしまったりすれば、データを生かし切れなくなる危険がある。話されたことがまったく信用できないというなら、そもそもインタビューする理由などない。そして「真偽」を明らかにする作業、いや、「このデータは、どういう文脈で、何を伝えようとしているのか」を調べる作業なくして、ある個人にとっての、ある過去の出来事の意味はわからない。データどうしの関係を考える作業は、手に入れたデータの真偽を探る作業と完全に両立する。というより、この作業は「どういう文脈でなら、このデータを信頼できるのか？」を考えることなのだから、情報の真偽を判断する作業そのものだといっていい。

　伯父がインタビュー中に語ってくれた「吹田事件」の描写と、他の資料で語られた「吹田事件」の描写とは、かなり違っていた。そしてそのことは私にとって大きなチャンスだった。伯父の話してくれたことに「裏付け」はない。けれども、あるデータの「裏」をとるための別のデータが存在しないということは、そのデータが「信用できない」ことを意味するわけではないし、「裏」をとろうと努力すること、いや、自分が手に入れたデータと他のデータとの関係を調べること、自分が手に入れたデータのもつ意味を調べようと努力することの意義を失わせるものでもない。

　60年以上前の人たちにとって、ある事件が何だったのか。今の私にとってその事件は何なのか。この２つが同じ、あるいは違うとすれば、それはなぜなのか。こういった問題を考えていけば、生活史のあいだに解説らしきものを挟まなくとも、あるいは「社会学的」概念を必ずしも使わなくとも、かつて人々のやりとりを可能にしていたいろいろな知識や常識が、言い換えれば、過去の「社会」がわかるかも知れない。そしてそこから、現在の「社会」がわかるかも知れない。私にとって伯父の話してくれたことをそのまま分析するというのは、そういう方法だった。

【参考文献】
桜井厚、2002、『インタビューの社会学――ライフストーリーの聞き方』せりか書房.

【Further Readings】
Paul Thompson, *The Voice of the Past : Oral History*, Oxford, U.K.: Oxford University Press, 2000.（酒井順子訳『記憶から歴史へ――オーラル・ヒストリーの世界』青木書店、2002 年）
　いわゆる「社会学」の本ではなく、口述史（オーラルヒストリー）について書かれた入門書。この分野の草分けが書いたものすごく有名な本。日本語版は分厚いが、本章の議論と関連する部分は第 4 章。

Alessandro Portelli, *The Death of Luigi Trastulli and other Stories : Form and Meaning in Oral History*, Albany U.S.A: State University of New York Press, 1991.（=朴沙羅訳『オーラルヒストリーとは何か』水声社、2016 年）
　同じくオーラルヒストリーの本で、こちらもオーラルヒストリーを研究している人なら誰でも知っているくらい有名な本。「真偽」とデータの扱いについて私にやり方を教えてくれたのはこの本だった。やはり分厚いが、特に第 1 章と第 6 章が本章と関連している。

2 仲間内の「あるある」を聞きにいく
個人的な経験から社会調査を始める方法

矢吹康夫

これから紹介する調査をもとにして書かれた論文

矢吹康夫「強いられた「よい適応」——アルビノ当事者の問題経験」『応用社会学研究』立教大学社会学部、53号、2011年、213-226頁。

　アルビノとは、医学的には白皮症、白子症と呼ばれる、全身のメラニン色素を作ることができない常染色体劣性の遺伝性疾患である。弱視や羞明（過度にまぶしさを感じること）、水平方向の眼振（眼球が常に揺れている状態）などの眼症状をともなう。また、紫外線の影響を受けやすいために日焼けをしやすい。外見的特徴として毛髪の色は白や金髪となり、肌は色白で、目の色も青や茶、灰色など多様である。

　「強いられた「よい適応」」では、アルビノ当事者たちが日常生活のなかでどのような問題経験に直面しているのかを明らかにすることを目的にした。そのためにまず、アルビノとも共通点の多い軽度障害者と異形の人びとをめぐる先行研究をレビューし、当事者たちが「よい適応」を強いられていることを指摘した。それをふまえて、6人のアルビノ当事者のインタビューデータをもとに、彼／彼女たちの経験を整理した。

---

1. 共有できる仲間を見つける

とりあえずムカつく

　私が生きてきた三十数年間は、「障害者もの」や「闘病記」や「壮絶人生系」の本に描かれているように劇的ではなく、安い感動を与えられる自伝を書けるとも思えない。ただその代わりに、日常の些末な出来事にイライラしたりムカついたりすることは多々あった。しかも、それを誰かに話しても「大

したことじゃない」「気にしすぎ」ととりあってもらえず、結局誰かに話すのをあきらめて心のなかで悪態をつくようなひねくれた感じの子どもに育った。かといってそれが原因で生死を左右することもなければ困窮を強いられることもなく、自分はいったい何者なのかというアイデンティティ問題を引き起こすわけでもなかった。

　そんなアルビノ当事者である私がアルビノ当事者を対象に調査したということは「特殊な」ケースであり、そのやり方は「ふつうの」人にはあまり参考にならないと思われるかもしれない。しかし、この「当事者」という言葉を「自分と同じような経験をして、それを語り合った仲間たち」と言い換えてみると裾野が大きく広がるのではないだろうか。

　私の場合はアルビノという非常にまれな遺伝性疾患だったわけだが、調査・研究の出発点においては読者と共有できることも多いと思う。なぜなら、「強いられた「よい適応」」という論文で注目したのは、他者からはなかなか理解されない経験であり、それは同時に仲間たちとの間で「あるあるネタ」として盛り上がる語りだからである。

パッとしない人生をすごす

　「強いられた「よい適応」」に登場する6人に限らず、私がこれまで会ってきた当事者の多くは、長らくの間「アルビノ」という言葉を知らず、「白皮症」という診断名も意識せずに生活してきた。かくいう私自身も、自分のことは「体の色素がないから人とは違って金髪になって、目が悪くてまぶしくて、メガネをかけてもあまり意味がなくて、日焼けをするとやたらと痛い」程度の認識しかもっていなかった。この身体がどうやら「ふつう」とは違うらしいと気づいてはいたが、それに「アルビノ」という名前がついているとわかったのは後述のとおり20歳になってからである。

　「アルビノ」という言葉を知る以前のアルビノらしいエピソードをいくつかあげてみよう。弱視学級という温室で何不自由なく義務教育課程を過ごした。見知らぬ子どもからやたらと「ハロー、外人」と言われた。一方でクラスメイトからはタブー視されて何も言われなかった。海藻類を食べると髪が

黒くなるとすすめられたものの、そんなはずはないと子どもながらに思った。工業高校の文化祭の女装コンテストで金髪美少女を演じきり優勝した。ファミレスのバイトの面接で「その髪じゃダメだよ」と門前払いを食らった。ときたま油断して日焼けして痛かった、などである。正直なところ、岡山で過ごした18年間は自分でもパッとしなかったと思う。

掲示板に入り浸る

　転機になったのは、大学進学を機に京都で独り暮らしを始めた2年目の1999年に、パソコンを買って自宅にインターネット環境が整ったことである。この段階で初めて検索をしてみて「アルビノ」という言葉があるのを知った。そして、2人のアルビノの子どもを育てている母親が運営する「アルビノのページ」というウェブサイトに交流目的の掲示板があるのを見つけた。

　その当時のログを読み返すと、進学や就職や結婚といったライフイベントに関する相談のほかに、障害者手帳をもってますか、自転車・原付に乗ってますか、何かスポーツをやってますか、日焼け対策はどうしてますか、髪の毛を染めてますか、ファンデーションはどこのメーカーを使ってますかといった日常生活上の情報交換、さらにはお酒は好きですか、短期留学が決まりましたなどアルビノとはまったく関係ない話題も並んでいる。

　私もこうした些末な話題のほか、日々イライラしたりなんか変だなと思う出来事を書き込んでいた。たとえば次のようなことである。警備員さんが「オーバーゼアー」と指さして駐輪場の場所を教えてくれた。カップラーメンの側面のおいしい作り方の文字が小さくて見えず、液体スープを入れるタイミングを間違えた。バイトの面接でまた落ちたけど理由は教えてもらえない。気安く金髪は格好いいとか言われても釈然としないといったグチをこぼしていた。

　何度か身近な友人に同じような話をしたこともあるのだが、彼／彼女たちにはピンとこないか、あるいは「気にしすぎ」「自意識過剰」と一蹴されるのに対して、掲示板に書き込めば共感をともなったレスが返ってくる。重要なのは相手にされなかった話を聞いてくれる人たちを見つけたことであり、

だから私は掲示板に入り浸ったのである。

2. 自分の経験を言語化してくれるものを見つける

自分がアホだと気づかされる

　ところで私は、京都ではただひたすらに学生演劇に没入し、その影響でほとんど授業に出席せず、3年間で8単位しかとれなかったので2001年3月に大学を退学した。退学してしばらくたってから、NPO法人ユニークフェイスと軽度障害ネットワークという2つのセルフヘルプ・グループの会員になった。当時はまだアルビノ個別の患者会や家族会がなかったからで、掲示板と同じように、人に話してもとりあってもらえないような経験を共有するという目的で参加した。

　この2つのグループで知り合った人たちのなかには、当事者であると同時に障害学や社会学や心理学の研究者や大学院生が何人もいた。その影響もあって研究会に足を運ぶようになり、もれなくその後の飲み会にもお邪魔して参加していた人たちと話をして痛感したのは、あまりに自分がアホすぎるということである。これが大学に再入学しようと思った動機の1つであり、偶然目に入った1冊の本に手を伸ばしたきっかけでもある。

障害学に出会う

　はっきりとした時期までは覚えていないが、少なくとも退学してから再入学するまでの間のどこかで、京都の京阪三条のブックオフで『障害学への招待』（石川・長瀬編 1999）という本を買った。その冒頭には、障害学とは「障害、障害者を社会、文化の視点から考え直し、従来の医療、リハビリテーション、社会福祉、特殊教育といった「枠」から障害、障害者を解放する試みである」と書いてある（石川・長瀬編 1999：3）。その中核にあるのが、障害者が経験する問題は「身体にあるのではなく、障害者を排除する社会にあることを示した」社会モデルであり、それは「障害者個人への介入ではなく、社会、環境の変化を強調する視点」である（石川・長瀬編 1999：17）。

最初にこれを読んだ私がどれほど理解できたのかとても怪しいが、上記の文章に赤線を引いてあるということは何か惹きつけられたのだろう。それを読んでからはたとえば、地下鉄の運賃表の文字が小さくて見えないのは弱視者に配慮してないのが問題なのであり、私の身体に原因があるのではないと思えるようになった。あるいは、選挙の出口調査の短期バイトは髪を黒くしないと採用できないと言われても、そんなのは私の身体への介入であり従う必要はなく、結果的に不採用になっても雇用する側に問題があると考えられるようになった。

今から思えば単純な理解なのだが、それでも障害学は、私がイライラしたりムカついたりするのはなぜなのかを言語化するための新しい視点を与えてくれた。生活がいくぶん楽になったという実感はあり、その意味で障害学は「自己解放の学」（倉本 2002：150）だったと言える。

社会学を学ぼうと決める

こうして、もう一度まともに勉強してみようと思って退学した大学に再入学したのが 2003 年 4 月である。それからの 3 年間は、アルビノをテーマに卒論を書くことと残りの 116 単位をとることに費やした。アルビノをテーマにしようと思った最初の動機は自分のことだし調べてみよう程度で、内容も文献サーベイをもとにした歴史研究である。

その間はもちろん就職活動なんてことはやっておらず、卒論が佳境に入った頃には何となくその続きをやろうと大学院進学を考えていた。それを当時の指導教員に相談したところ、「お前は社会学向きだ」と言われてその気になった。そのとき薦められたのは、指導教員の知り合いで差別問題に取り組んでいる社会学者 3 人で、結果的にそのうちの 1 人がいる大学院を選んだ。

もう 1 つ社会学の大学院にしようと思った理由は、再入学後に京都の元田中の古本屋で買った『スティグマの社会学』（Goffman 1963＝2001）と、たしか新品で買ったはずの『「曖昧な生きづらさ」と社会』（草柳 2004）という 2 冊の本である。そこに書いてあったのは、弱視だとばれないように見えてるフリをしたり、空気が凍りつかないようにいろいろ気を遣ったりごまかした

りといった印象操作の話や、日常生活でムカついた出来事を話しても「大したことじゃない」「ぜいたくな悩みだ」ととりあってもらえない問題経験の語りについてである。どちらも事例研究というよりは理論研究であり、アルビノへの直接の言及はないにもかかわらず、その内容の多くは心当たりのある自分のこととして読めた。この社会学の2冊は、私の経験を言語化してくれていたのである。

　こうして学部卒業から1年間のブランクをへて、2007年の春に私は京都から東京に移り住み大学院生になった。なお、具体的にどんなアプローチで研究しようと考えていたかというと、大雑把な歴史は卒論でやったことだし、次は現実を生きている当事者にインタビューすれば何とかなるだろうと楽観していた。

3．調査協力者を見つける

セルフヘルプ・グループを作る

　その頃にはアルビノのオンライン・コミュニティはSNSがメインになっており、何人かはホームページやブログでアルビノについての情報発信も始めていた。また、2007年にアルビノ・ドーナツの会というグループができるまでは関西で集まる機会はほとんどなかったが、首都圏では定期的にオフ会が開催されていた。私も東京に引っ越してすぐ、みんなで飲み会でもどうだろうと思い、自分で幹事をやって自分の歓迎会を自作自演したらオンラインでやりとりしていた数人が集まってくれた。

　この自演歓迎会に集まったメンバーが中心になって、翌2008年の3月に日本アルビニズムネットワーク（JAN）というセルフヘルプ・グループを作った。ピアサポート、家族支援、社会的な理解啓発を主な目的に掲げており、忘年会や新年会、写真展、特別支援教育に関する講演会の開催のほか、ホームページでの情報発信などを行なってきた。また、2010年からは「集まれ！アルビノひろば」という小規模な交流会を定期的に継続しており、特に小さなアルビノの子どもを育てている親たちには情報交換の機会として好評であ

る。

飲み会で盛り上がる

　一方でアルビノの大人たちに好評なのは飲み会のほうである。どういうわけか飲み会の常連は鉄ちゃんとアニオタの比率が高く、当然ながらアルビノとは関係がない話題のほうが多いし、飲み会らしく共通の知人のゴシップも暴露される。また、アルビノに関係がある話題になったとしても、親たちが気にしているような医療や教育、福祉制度についての真面目な情報交換で盛り上がることはなかなかない。

　そこではたとえば、誰かが「この前、スーパーサイヤ人って言われた」と話せば、別の誰かが「サングラスかけて歩いてたらマトリックスって言われた」と対抗する。ほかにも、顔がわからないから同じフロアの人に手当たり次第会釈してたら知らない人から挨拶されるようになった、授業がつまらないんだけど拡大コピーを頼んだ手前サボりにくい、遠くからでもすぐわかるから待ち合わせの目印にされるなど、出てくるのは「あるあるネタ」である。

　書店やレンタルビデオ店の18禁コーナーに入るときは金髪で目立ってないか必要以上に気になるだとか、警戒して入ったはいいもののよく見えないから商品を顔に近づけて物色していたら、それを目撃した友人から「あまりに熱心に選んでたから声をかけられなかったよ」と後日報告されたとかいった卑近な下ネタもある。そういう話を聞くと、私なんかは生まれて初めてコンドームを買いに行ったときの「誰かに見られているのではないか」という尋常ならざる緊張感を思い出す。

どんな話を聞きたいかが見えてくる

　大学院に進学したばかりの頃は、とりあえずインタビューをすれば何とかなるだろうと考えていたわけだが、オンラインとオフラインで交流を重ねるうちに徐々に焦点が絞られていった。私が聞きたかったのは、掲示板やSNSに書き込まれ、飲み会で盛り上がるような話である。それは同時に、私自身がかつてうまく言語化できずにムカついていた経験、あるいはそれをなんと

か吐露しても聞き届けてもらえなかった語りである。

　これらの問題は、教育機関に情報保障を、企業に合理的配慮を、自治体に制度の整備を求めたり、新しい光学機器や情報機器を開発したりすることによって解決できるようなものではない場合が多い。どちらかといえば、面倒くさいと思いながらも個人的に対処したり、ちょっと恥をかいたりがまんする程度でどうにかなってしまうことがほとんどである。しかもそのしんどさを訴えても「大したことじゃない」「気にするな」「もっと大変な人がいるんだからがまんしろ」と一蹴され、「問題である」という主張は承認されない。

　こうして、誰からも聞き届けてもらえなかったグチがたまり、飲み会で披露して仲間たちと笑って発散するためのネタが増えていくのだろう。だとすれば、それをインタビューで聞けば面白いのではないかと考えて調査を進めることにした。

友人・知人にインタビューを依頼する

　それでは具体的にどうやって調査を進めていったかというと、基本的に知り合いにインタビューをお願いしただけである。大学院に入ってすぐの6月からインタビュー調査にとりかかっており、修士課程の2年間は、京都にいた頃から知り合いだった2人と自演歓迎会にやってきた4人から聞き取った。その後もオフ会や飲み会、JANが開催したイベントの参加者に調査協力についての感触を確かめてから依頼するというやり方で人数を増やしていった。

　そのうちの約半数は直接会うよりも前にオンラインでやりとりをしたことがあり、インタビュー当日が初対面でもハンドルネームは5年前、10年前から知っていたというケースも珍しくない。つまり、オンラインであれオフラインであれ、自分がもとから参加していたコミュニティで調査・研究とは関係のない形で仲良くなった友人・知人を一本釣りしてインタビューを重ねていったのである。

4. 社会調査としての意味を見つける

個人的な悩みを社会に接続する

　最後に私の調査のやり方をあらためて整理するが、その前に1つ確認しておくことがある。本章では掲示板やSNSに書き込まれ、飲み会で盛り上がるような「あるあるネタ」の重要性を強調してきた。これに対しては、そんな仲間内のおしゃべりを聞き取って意味があるのか、そんなのが社会調査と呼べるのかと反論があるかもしれない。

　しかし、同じ経験を共有していない他者から「大したことじゃない」「気にするな」「がまんしろ」と言われ続け、どうせ話してもわかってもらえないとあきらめていた経験ほど、掲示板やSNSに書き込まれ、飲み会で披露される。つまり、仲間内でしか聞き届けられない語りであればあるほど問題が個人化されているのであり、それら個人的な悩みに還元されてきた経験を社会的な文脈に位置づけ直すことは、十分に社会調査としての意味をもっている。

　当初は一当事者として理解・共有してくれる人びとを相手に語るだけだった私にとって、自分の経験を社会に接続する視点を与えてくれたのが障害学と社会学だった。障害学と社会学との出会いによって、なぜ自分がムカつくのか、しかもその話をコミュニティの外の人たちがなぜ聞こうとしないのか言語化できたから、調査の方向性が定まったのである。

自分たちのコミュニティで調査する

　そして、沈黙を強いられてきた人びとが集い、語り合うことができる場所として最も敷居が低いのがオンライン・コミュニティである。オンラインでの交流は時間・空間に制限されないため、まれな疾患や障害のために近隣に仲間がいない人びとには利用しやすく、誰とも分かち合えないと思い込んでいた経験を共有することができる。しかもオンラインをきっかけにつながった人びとは、外部の行政や専門家、既存の出版・放送メディアに依存する必

要がない（岡 2000）。つまり、「これは大変な問題だ」「こっちは大したことじゃない」と誰かに勝手に判断されることなく、自分たちで問題を定義する主体性を発揮できる。

　アルビノの場合、盲学校をはじめとした視覚障害者コミュニティで偶然出会うことはあっても、それ以外では積極的に探そうとしても簡単には見つけられず、多くが孤立したままだった。医療や教育の専門家から過小に評価され、身近な人びとからも問題経験の語りを否定されてきたことをふまえるならば、日本におけるアルビノのコミュニティがオンラインからしか出発しえなかったのは必然である。この点はまれな疾患や障害に限らず、趣味や性的嗜好／指向を同じくする人びとにとってもオンライン・コミュニティは欠かせないものになっている（Plummer 1995＝1998：91-95）。

　つまり、自分がもとから参加していたコミュニティのなかだけで語られた経験を収集してまとめたのが「強いられた「よい適応」」という論文である。セルフヘルプ・グループを組織するまではできなくても、オンラインで仲良くなった人たちとオフ会や飲み会で意気投合し、そこで盛り上がった話を聞くためにインタビュー調査をして、その語りを社会に接続させて記述するというやり方は、これから調査を始めようとしている読者とも共有できるのではないだろうか。

【参考文献】

Goffman, Erving, 1963, *Stigma : Notes on the Management of Spoiled Identity*, Englewood Cliffs： Prentice-Hall.（＝2001、石黒毅訳『スティグマの社会学――烙印を押されたアイデンティティ（改訂版）』せりか書房）
石川准・長瀬修編、1999、『障害学への招待――社会、文化、ディスアビリティ』明石書店。
倉本智明、2002、「障害学、現在とこれから」大阪人権博物館『リバティセミナー講演集障害学の現在』大阪人権博物館、141-167頁。
草柳千早、2004、『「曖昧な生きづらさ」と社会――クレイム申し立ての社会学』世界思想社。
岡知史、2000、「21世紀のセルフヘルプグループとその調査法」右田紀久恵・小寺全世・白澤政和編『社会福祉援助と連携』中央法規出版、91-107頁。

Plummer, Ken, 1995, *Telling Sexual Stories: Power, Change and Social Worlds*, London: Routledge.（＝1998、桜井厚・好井裕明・小林多寿子訳『セクシュアル・ストーリーの時代――語りのポリティクス』新曜社）

【Further Readings】
西倉実季『顔にあざのある女性たち――「問題経験の語り」の社会学』生活書院、2009年。
　本章でも言及した『スティグマの社会学』や『「曖昧な生きづらさ」と社会』を援用して、顔にあざのある女性たちの問題経験を丹念に描き出した労作。彼女たちの語りを聞き届けず、その苦しみを不可視化しているのは誰なのか？　調査の過程で著者の西倉に突きつけられたこの問いは読者にも跳ね返ってくるものであり、読了後は誰もが、異形の人びとの問題を「対岸の火事」とは思えなくなっているだろう。

3 私のインタビュー戦略
現在の生活を理解するインタビュー調査

デブナール・ミロシュ

これから紹介する調査をもとにして書かれた論文

デブナール・ミロシュ「在日外国人の多様化と日本社会への参加——在日チェコ人とスロバキア人の事例から見えるもう一つの可能性」『ソシオロジ』57巻2号、2012年、37-53頁。

　本章で取り扱う論文は、在日チェコ人とスロバキア人の事例を通して、移民の日常生活と受入社会における戦略を描くものである。この論文では、様々な側面において多様化していく移民は、受入社会において生活する、または成功するためにどのような資源を活用するか、そのなかではエスニシティはどのような役割を果たしているかに注目した。その結果、先行研究で重視されてきたエスニシティは、対象者の日常生活と生活戦略において重要な選択基準として活用されていないと指摘し、同時に、そのエスニシティを否定しないパターンがあることを明らかにした。それは、単に在日チェコ人とスロバキア人が少数であるため、エスニック連帯資源を有効に活用できないというだけではない。彼らが経済的動機を重視しない、個人的な移民パターンをとっている効果もあるということだ。

---

1. インタビューとは何か？

　質的調査において、インタビューは代表的な方法の1つである。質的調査の授業を受ける学生の多くもインタビューを選び、調査を実施する。しかし、インタビューという総称の下には、様々な考え方ややり方が潜んでいる。例えば本書の第1章（朴沙羅）でも紹介されているように、社会学においてインタビューという調査方法は、ライフ・ヒストリー（生活史）と関連付けられることが多い。このライフ・ヒストリー法では、調査対象者は少なく（1

人でもいい)、人生を振り返って話を細かく聞くことが1つの特徴である。そのためには、同じ人に何回か話を聞くなかで興味深い話題を見出し、基本的に質問項目を細かく定めない方針（これを非構造化あるいはオープン・エンド・インタビューと呼ぶ）でインタビューを進めることが多い。だが、インタビューにはほかにもたくさんの種類・方法がある。例えば、量的調査にもよく利用される構造化インタビュー、つまり質問項目（場合によって質問紙調査と同様に解答の選択肢も）をすべて定めるインタビュー、あるいは対象を個人ではなく小集団とするグループ・インタビューもある。つまり、人の話を聞いて社会調査を実施するという方法を選択するなら、自分の問題意識、調査設計や他の事情に合わせて、特定のインタビュー方法を選択する必要があるのだ。

私が本章で紹介するインタビュー方法は、ライフ・ヒストリーと異なる、社会科学で一般的によく使われている方法の1つである。その特徴の1つは、昔の話よりも現在の生活、問題や特定の出来事について調べることである。つまり、生活史と異なり、個人の人生を振り返って語るという「自然」な話の流れではなく、ある話題を中心に話を聞くという「半構造化」インタビューである。また、少数よりも、数人から数十人の対象者に1回か2回話を聞くことも1つの特徴だ。

このようなインタビューを具体的にどのように行なえばいいかは、簡単で自明なことのように思えるかもしれない。しかし、実際にやり始めると、いくつかの問題が浮上してくる。例えば、自分が関心を持っていることを明らかにするためには何を聞けばいいのか、それを誰にまたは何人に聞けばわかるのかといった問題点が代表的だ。

したがって本章では、このような「何を、誰に、何人に聞けばいいのか」という問題を中心に、インタビュー調査の実践を紹介する。つまり、プレ調査から追跡調査の流れで、どのように問題意識を具体化したか、それにどのようにデータの収集方法（インタビュー）を適応させたか、そして、それに伴う課題・問題の出現とその解決方法について、詳細に説明していきたい。そうすることによって、本研究のために採用された方法とその具体的な「戦

略」もよりわかりやすくなるだろう。

2.「何が面白い？」――研究対象と問題意識を見つける

　まずは、私が「自分の調べるべき問題」、つまり、本研究の出発点をどのように見つけたかを簡単に説明したい。私がまだ学部生のときにブラジルを訪れる機会があった。自分の国（中欧のスロバキア）と様々な意味で違う国と出会ったなかで、日本語と日本文化を専攻する学生であった私は、特に日系ブラジル人の存在に惹かれた。彼ら（または彼らの祖先）は「移民」としてブラジルに到着し、そこで生活を続けてきた。その結果、彼らは「日本人」に見えるが、普段使っている言葉がポルトガル語であったり、振る舞いも他のブラジル人と一緒だったりする。その一方では、日本語も話せたり、食べ物、祭りやいろいろな習慣において「日本の文化」あるいは「エスニシティ」を保ち続けたりするところもあった（このエスニシティという概念の意味については、3節でふれる）。このようにして出会った「移民」と「エスニシティ」という2つの概念は、その後の私の研究を位置づけるものになった。

　そして、日本の大学に入ってから、ブラジルから「祖国」の日本に戻ってくる日系ブラジル人の研究をしようと試みた。ブラジルへ移民した日本人の子供（二世）または孫（三世）の多くが、日本へUターン（逆）移民をして定住化する。先行研究では、そのUターン（逆）移民によって、彼ら自身の仕事、子供の教育、地域社会との「共生」や、「ブラジル人」であることと「日本人」であることの葛藤などの問題が生じることが指摘され、着目されてきた。しかし、いろいろな先行研究を勉強するなかで、自分が具体的に何に目を向けて調査すればよいか（＝問題意識）がなかなかわからなかった。

　そのとき、たまたま何人かの在日スロバキア人とチェコ人に出会い、彼ら、そして自分の存在について考えてみた。在日チェコ人とスロバキア人は数百人しかいない、つまり数としてはごく少ない存在であると予想していたが、出会った人のなかには、国際的な機構で働く人、研究者や当時の自分のような留学生がいた。このようなケースを移民という枠組みで論じることは、先

第Ⅰ部　聞いてみる

行研究ではあまりなかった。しかし、彼らもブラジル移民と同様に国境を越え、他国の社会で働いたり、日常生活を送ったりしているだろう。そのとき、このような（例えば、留学といった）パターンで移動する人や、または、あまり注目されていない地域から来日する人というのが、具体的にどのように日本へ渡り、どのような生活を送っているのか、ということも研究課題になるのではないかと思った。この可能性について当時の指導教員に相談したところ、面白い研究になる可能性があると励まされ、調査することにした。問題意識はまだ漠然としていたが、内容の大枠と方向性は見えてきたような気がした。

3. とりあえず聞いてみる

しかし、「移民」と「エスニシティ」に関して聞き取り調査をするといっても、具体的にどうしたらよいのだろうか。誰に、何を聞けばよいのか。特に、後者（何を聞けばよいのかという問題）に関しては、最初から1つの問題に直面しなければならなかった。「移民の経験」という話題とそれを調べる聞き取り方法は、まだ何とか想像できた。それに対して、「エスニシティ」というのは、一般的に集団的属性の特徴として共通の祖先、文化や習慣の総称としてよく使われているが、そのなかには実際に存在するもの（例えば言語）と存在すると社会的に想像されているもの（例えば単一民族神話）の両方が含まれる（Meer 2014）し、それぞれの特徴の中身（例えば文化とは何か）やそのような諸要素についてはっきりした定義はない。つまり、エスニシティというのはより抽象的な概念であり、それをどのように調べればいいか想像がつかなかった。同じようにエスニシティについて研究を続けてきた先輩にそれを尋ねてみると、「それは話のなかから出てくる」といった答えしか得られなかった。具体的に何を、そして誰に聞けば、在日チェコ人とスロバキア人の移民経験とエスニシティについて知見が得られるかがよくわからないまま、とりあえず自分が知っているスロバキア人の話を、プレ調査として聞いてみることにした。

プレ調査では最初に、以前から知っていたスロバキア人夫婦の話を聞いてみることにした。私は以前の会話から、2人がともに面白い仕事をし（国連大学の職員と医者）、何回も日本と自分の国を行き来した経験があることを知っていた。そこで、その行き来を詳細に調べ、その背景にあった理由または動機、そして2人の日本での生活はどうだったかを聞くことにした。また、エスニシティに関心を持っていたので、2人が日本で生活しているなかで、他のスロバキア人（あるいは他の外国人）とどのように接したりするかといった話も含めた。

　このときから、生活史というより具体的な出来事に注目していたが、ライフ・ヒストリー法と同様に、あまりはっきりとした質問項目はなかった。つまり、特定の答えを求める質問ではなく、オープン・エンドな質問が中心だった。このような抽象的な話題について話を聞き始め、自分が面白いと思ったところや予想しなかったことについてさらにいろいろ質問した。言い換えれば、特定の話題について会話をするのと同様に、自然に話を聞いて、そのやり取りを録音したのだ。そして、「面白い夫婦」の「逸話」だけで終わらないように、知っていたほかの3人のチェコ人とスロバキア人の話も聞いてみた。

　対象者にインタビューすると同時に、録音したものをなるべく書き起こし、話された内容について考えてみた。1人当たり90分から2時間程度の話だったので、特に調査が進んでからは大変な作業になるが、自分が「面白い」話を見出すためには必要な作業だった。プレ調査をして、5人の話を聞いて繰り返し熟読（分析）する意味は、「移民の経験」と「エスニシティ」という抽象的かつ大雑把な問題意識をより具体化し、ちゃんとした研究につなげるためだった。

4. 問題意識をより具体化して調査を続ける

　この時点まで集めた話を、自分が読んできた先行研究と比較しながら、私はやっと「問題意識」らしきものの存在に気づいた。具体的には、私が対象にした人々の経験は、通常の移民の像と2つの側面において違っていた。ま

第Ⅰ部　聞いてみる

ず、ふつう移民といえば、送出国と受入国の間に存在する賃金格差によって移動する人々を想定することが多い。それに対して、私の対象者にはそのような経済的動機を見出すことができなかった。5人の話を繰り返して聞いてみても、研究や結婚、またはだんだんできていく日本との関係が、彼らの日本への移動を決定しており、はっきりした経済的要因は欠けているようにみえた。次に、エスニシティという幅広い話題に関しては、彼らがインタビューのなかで他のチェコ人やスロバキア人に言及する場面が意外と少なかったのも、もう1つの特徴だった。先行研究では一般的に、移民とエスニック・コミュニティはセットで語られる傾向が強かったが、私が調べた対象の語りをそのような枠組みに当てはめることは難しそうだった。

　もちろん、私のデータの「読み方」が誤っている、あるいはデータの分析が足りていないという可能性も考えられる。また、私の出会ったケースは例外的だったという可能性もあるだろう。だが、いずれにしても、このように現れ始めた具体的な問題をさらに詳しく理解するためには、より多くの人の話を聞くことが必要だと考えられた。

何人に聞けばわかる？

　しかし、何人に聞けば、ある程度満足できる結果が得られるかという問いにはっきりした答えを出すのは困難である。先行研究を参考にしても、著者によって意見が分かれたり、インタビューの種類やそれぞれの調査によってその具体的な数が異なったりする。その一方で、自分が言いたいこと、つまり論文の要点を十分に裏づけできるデータが集められるまで調査する必要があるという点では一致していた。これは必要なインタビューの数字になかなか置き換えにくいが、本研究の場合では2人や5人では足りないことは確かだった。要するに、自分が納得できるまで（そして私の研究を評価する側を納得させられるだけ）調査を続けるしかない。

　そして、ここでまた「誰に聞くか」と「何を聞くか」という2つの問題が再登場してきた。まずは、より具体的になってきた問題意識に応じて、何を聞くかについても少し絞っていく必要がある。

何を聞けばわかる？

　先述したように、私の行なったインタビューは基本的に1回きりの実施が多かった。もちろん、2回やそれ以上インタビューしたケースもあるが、比較的多くの対象者にインタビューをする場合には1回きりになる傾向が強い。研究者の時間、手間や予算による制約だけではない。対象者の就労状況やより個人的な状況によっても、様々な制約を課せられる。つまり、インタビューを1回しかできない可能性が高いことにつねに留意し、その1回きりのチャンスを徹底的に利用する必要がある。そのため、質問項目とその順番を慎重に考えなければならない。

〈質問項目を具体化する〉

　質問の内容は、これまで説明した問題意識から導くことができる。さらに、プレ調査でのエスニシティに関する聞き取りから、質問の内容をどう具体化するかだけでなく、どんな順番で質問するかが重要だと感じていた。プレ調査の結果、対象者はそれほど他の同胞（つまり、同じエスニシティを持つ人）と接触しないという傾向があったため、その程度と実態とを、まずは他の事例でも検証したかった。そこで、インタビュー対象者の日常生活のなかでどの程度他の同胞と会ったり、一緒に行動したりするかを調べるために、「普段よく会っている人を教えてください」という一般的な質問から「この1ヵ月一緒にご飯を食べにいったり、遊びにいったりしたことのある人を教えてください」という具体的な質問まで、対象者の日常生活に登場する人々を明らかにするいくつかの質問項目を設けた。そのような質問に対して出てきた個々人の名前を書き止め、インタビューの最後にそれぞれの個人の基本情報（エスニシティ、知り合ったきっかけ、職業など）も調べた。

　このようなデータから、それぞれの対象者を囲む社会的ネットワーク、あるいは生活領域を描くことができる。また、そこから同じエスニシティを持つ人々が個人の生活にどのような役割を果たしているかも分析できる。

　もっとも、エスニシティの役割を、「普段どれぐらい会っているか」という指標だけで測ることは不十分であろう。例えば、「普段はあまり会ってい

ないが重要なときに頼れる人」が、やはり同じエスニシティを持つ人になる可能性が高いという考え方も当然できる。先行研究の結果の多くもある程度そのような見解を支持していた。もしそうなら、これをエスニシティによる連帯と呼ぶこともできる。

しかし一方で、プレ調査の結果からは、これまでの「エスニシティによる連帯は自然である」という見解には疑いの余地が出てきた。そこで、エスニシティは個人の生活戦略のなかでどのような役割を果たしているかにあらためて光を当てるため、仕事を探しているとき、お金が必要になったとき、病気になったとき、といった困難なシチュエーションを具体的に挙げて、「こうしたとき誰を頼りにするか」という質問も聞いた。

また、在日スロバキア人とチェコ人は他の同胞にあまり会っていないという結果になっても、それは彼らの数が日本社会では少ないからこその結果であるかも知れない。つまり、会いたくても実質的に会えないという可能性を考慮する必要がある。たしかに、政府統計によると、チェコ人とスロバキア人は近年それぞれ250人しか日本に在留していなかったから、他の同胞に会うのは困難だと簡単に想定することができる。

その一方で、「エスニシティによる連帯は自然である」という前提を疑うならば、「彼らは他の同胞に本当に会いたいのかどうか」を、まずは調べるべきだといえる。そこでインタビューでは、どのような人々にもっと会いたいと思うか、または他の在日チェコ人とスロバキア人を知っているか、彼らについてどう思うか、もっと会いたいと思うかという質問も含めた。普段誰と会っているか、または誰を頼りにしているかという他の質問と組み合わせれば、一定の結論を導くことができるのだ。

〈質問の順番〉

ここで、さらに2つのことが重要になってくる。

1つは、質問の順番である。特に量的調査では、いわゆるキャリー・オーバー効果が注目されているが、質的な調査においてもこれに注意しなければならない場合もある。キャリー・オーバー効果というのは、事前に聞いた質

問がそのあとに聞いた質問の回答に影響することを指す。例えば、本調査でいえば、「今の生活を考えればもっと会いたい人々はいますか」という質問の前に他の在日チェコ人とスロバキア人に関する質問をしていれば、チェコ人・スロバキア人をもっと会いたい人として思い出させる効果がありうる。それを避けるためには、一般的な質問（どのような人に会いたいか）からより具体的な質問（他のチェコ人・スロバキア人にもっと会いたいか）へ進むことが重要であり、質問が互いに影響しないように、質問する順番を考えることが大事である。

〈文脈と厚い記述の重要性〉

　もう1つ重要なポイントは、データの「文脈」あるいは「厚み」である。質的調査には、調べたい具体的な内容にとどまらず、質的なデータとして「厚い記述[1]」を提供できるようなデータが求められている。例えば、「なぜ日本に来たのですか」という質問に対する「仕事のため」や「勉強のため」という単純な答えだけではなく、その理由をより詳細に説明し、自分がなぜそう決めたか、またはなぜ他の可能性よりも日本を選んだかを詳しく説明するような「文脈」を明らかにすることが質的調査法の特徴であるといえる。そこでは、上記で挙げてきたかなり具体的な質問（例えばこの1ヵ月間に誰と会ったか）に加え、対象者に「語らせる」聞き方もする必要がある。例えば、勉強のために来日したチェコ人かスロバキア人がいるとしたら、なぜ日本を選んだのか、他の国も考慮したのかなどの質問をし、その話題を追ってより深く探ることになる。

　そして、このように特定の話題、または自分が面白いと思った点を追及していくというやり方に加え、対象者の背景を十分に調べることによってデータの「文脈」が得られる。年齢、学歴や出身地はもちろん、両親の職業などの社会学的に興味深い「指標」、若いときの夢、日本との最初の出会いや他の外国の居住経験という本研究と関連しそうな話題に触れることも重要であり、その後の分析において必要になる。例えば、対象者の両親がエリート層出身者で対象者が幼いときから世界を回り続けてきたのであれば、ある種の

コスモポリタン的思考（つまり、特定のエスニシティよりも共通の人間性（shared humanity）に基づいて生活領域を形成しようとする思考）を簡単に説明できる。しかし、そのような背景と経験を持たないケースであれば、エスニシティを重視しない生活を他のロジックに基づいて説明する必要がある。それを見極めるためには、このような「文脈」を知る、調べることが重要である。

ここまで、研究の問題意識に合わせてインタビュー調査の内容を具体化する必要があるという、要約すれば一見当たり前で簡単な作業を詳しく説明してみた。私が行なった調査は、比較的に正確な答えを求める詳細な質問項目（いわゆる構造化された部分）と「厚み」あるいは「文脈」を提供するよりオープン・エンドな質問項目から成り立っていた。このような2つの項目を組み合わせたインタビューを、半構造化インタビューともいう。また、質問の順番も重要であることを以上の事例で強調した。

さて、インタビューの内容に続いて重要なもう1つの問題は、追加調査で誰を対象にするかを考えることだ。

誰に聞けばわかる？

インタビュー調査のために対象者をどのように選択するかについては、様々な意見と方法が存在する。一番代表的な方法は「スノーボール」、または別名「芋づる式」という方法である。この方法は、特にアクセスが難しいグループ（例えば、性的、エスニックや他のマイノリティ）において有効でよく使われる方法である。この方法では、1人の対象者を見つけてから、その人に次の対象者を紹介してもらい、芋のつるを追うように、次々に対象者を見つけていく。本研究のプレ調査でもこのような方法をとり、上述したように自分が当時知っていたチェコ人とスロバキア人に話を聞いてみた。

〈芋づる式のリスク〉

しかし、他の方法と同様に、芋づる式の方法にも弱点がある。単純な芋づる式でインタビュー対象者を選んでいけば、個人的ネットワークが強く反映されているため、同じ、または非常に似たような属性を持つ人々にしかイン

タビューできない可能性が高い。つまり、私の場合だと、自分が留学生だったため、芋づる式にすると大学関係者に出会う可能性が高く、主に在学中または日本の大学を出た人々にしか話を聞けなかった[2]。すべての対象者には研究課題に光を当てるポテンシャルが何かあるのだと認めても、この方法を採用すれば、光を当てる角度やその光が明かす問題・視点が微妙に似てくる可能性が高くなる。さらに、政府統計や先行研究の結果をみても、留学以外の手段で日本に入国し、滞在するケースがあると考えられた。それなのに（元）留学生以外の対象者の話しか聞くことができなければ、調査から導ける見解も（元）留学生にしか当てはまらない可能性が高い。もちろん、質的研究の目的は代表性を追及することではないが、在日チェコ人とスロバキア人の生活世界や移民の経験を研究したければ、様々な人々の経験を反映させなければいけないだろう。

〈対象者を選択する〉

　そこで、単純な芋づる式の方法を少し工夫する必要がある。要するに、様々な経験を持つ人々の分析がしたければ、様々な経験を持つ人々をわざわざ探す必要があるのだ。そのためには、紹介してもらった、またはどこかで知り合った個人から、適切な対象者を選択しなければならない。しかし少数とはいえ、日本中に在留しているチェコ人やスロバキア人から適切な対象者を探しだすのは、かなり大変な作業ではある。そこで、私は次にインタビューする対象者を選択する基準として、「異質性」を設定した。まずは、自分が知っているすべての在日チェコ人とスロバキア人のリストを作った。このリストには、個人的に会った人々だけではなく、人づてに聞いた人や個人ブログやSNS経由で知った人も含めた。そのリストから、面白い話が聞けそうな様々な経験（異質性）を持つ人々を、対象者として選んだのだ。例えば、当時知っていた他の留学生よりも、90歳に近い神父さんに会いにわざわざ九州まで行ったり、または自分が住んでいた地域の男性研究者よりも、他の地域に住んでいた女性の英語教師の話を聞きにいったりした。

　もちろん、対象者の選択基準としてこのような異質性だけではなく、より

第Ⅰ部　聞いてみる

明確な基準を選んでもよい。例えば、在住の地域、日本での在留期間、家族構成、性別、在留資格等々のパターンが考えられる。それぞれの要因によって彼らの移民ルート、手段や目的、または日本社会での経験が多少異なると予想できるが、それぞれの共通点を探ることによって、様々な背景を持つ在日チェコ人とスロバキア人は日本社会でどのような生活領域を形成し、どのような生活戦略をとるのかを描くこともできるだろう。

　また、この点は必要なインタビューの数とも関係している。冒頭で紹介した論文では、様々な背景を持つ人々を、調査対象にすることを目指した。そして、様々な人の話を聞けば、彼らの移民経験と日常生活について一定の結論を導くことができると主張した。つまり、在日チェコ人とスロバキア人の多様性をある程度表せる対象者の話を集めることがデータ収集の目的であり、同時に必要なインタビューの数を決定する要因でもあったといえる。私の場合、13人の話を集めた時点で、他にアプローチできる人の話を聞いても移民や日本滞在パターンにおいて以前と似たような話になると判断し、調査を終了することにした。

5. 本事例のインタビュー戦略

　本章では、インタビュー調査の代表的な方法の1つを紹介した。もちろん、これは普遍的な方法ではなく、インタビュー調査の一例である。本事例では、在日チェコ人とスロバキア人に共通する経験を一部でも捉えて、それぞれの個人の「逸話集」を乗り越える[3]ために、対象者の数だけではなく、話の内容の厚みと対象者の選択を重視した。もちろん、質的調査という方法では、チェコ人またはスロバキア人全員の経験を代表して描くことは不可能だし、そもそも望ましいことではない。だが、それと同時に、誰にでも話を聞いていいというわけでもないと主張したい。本研究の場合には、なるべく「異質」な背景を持った対象者の語りに共通点を探り、彼らが日本社会でどのような生活世界を構築し、どのような戦略をとるかを描いてみた。また、話の内容に関しても、完全に話の流れの自由に任せられた、何を聞いてもいいと

いうインタビューよりも、ある程度インタビュー全体を「操作」し、半構造化インタビューを実施した。

　もう1つ重要な点は、分析とデータ収集が同時に進行したことである。本章では、自分の調査をプレ調査と追跡調査という2段階に分けて説明したが、実際には、データ収集の方法とインタビューの内容は（2段階というよりも）、つねにある程度工夫していたといえる。インタビューごとになるべく早く書き起こしをし、そこで引っかかった点を次のインタビューに反映したり、次のインタビュー対象者を選ぶ基準にしたりしていた。このようなアプローチは、グラウンデッド・セオリーという方法論で特に強調されているが、一般的に質的研究を行なうなかで採用されているアプローチの1つでもある。

注
1)　「厚い記述」は1970年代にアメリカ人の人類学者、クリフォード・ギアツが提唱した概念であり、単なる事実を描写する「薄い記述」と対立する概念である。簡単にいえば、「厚い記述」とは、ある行動や出来事を詳しく説明し、それに関する構造、概念や意味を特定する記述である（Geertz 1973）。
2)　プレ調査では、調べた5人の対象者のうち、4人が日本に留学していた、もしくはその経験を持っていた対象者だった。
3)　もちろん、別の章でも紹介されているように、生活史などの研究であれば、必ずしも個人の「逸話」を乗り越える必要はない。

【参考文献】
Geertz, Clifford, 1973, *The Interpretation of Cultures : Selected Essays*, New York : Basic Books（＝1987、吉田禎吾ほか訳『文化の解釈学』岩波書店）
Meer, Nasar, 2014, *Key Concepts in Race and Ethnicity*, 3rd edition, London : Sage Publications.

【Further Readings】
キャシー・シャーマズ『グラウンデッド・セオリーの構築——社会構成主義からの挑戦』抱井尚子・末田清子監訳、ナカニシヤ出版、2008年。
　質的研究の方法をわかりやすく説明し、インタビュー調査についてもよく言及するため、本章で紹介したインタビュー方法をより詳しく知りたい人にはお勧めできる1冊である。

第Ⅰ部　聞いてみる

4　キーパーソンを見つける
どうやって雪だるまを転がすか

鶴田幸恵

― これから紹介する調査をもとにして書かれた論文 ―

鶴田幸恵「いかにして「性同一性障害者としての生い立ち」を持つことになるのか――実際のカウンセリングの録音・録画における「自分史をやる」活動に焦点をあてて」宮内洋・好井裕明編『〈当事者〉をめぐる社会学――調査での出会いを通して』北大路書房、2010年、21-40頁。

　私は、トランスジェンダー・性同一性障害などと呼ばれる、性別を移行する人びとのコミュニティをフィールドとして、聞き取り調査を始めた。この論文は、長らく調査をしていた甲斐あって、医療社会学的な研究、さらには、エスノメソドロジー的な研究をするために、医学会でのキーパーソンを見つけて可能になった調査で得たデータを分析したものである。性同一性障害の精神病院でのカウンセリングの録音／録画を分析することによって、そこに、いかなる性別規範が関与しているかを記述した。

1. まず、話を聞きにいく前に

社会調査の本に必ず書いてあること

　社会調査に関する教科書の多くには、「調査は図書館から始まる」と書いてある。もしかしたら、必ず書いてあるかもしれないくらい書いてある。これはつまり、自分が調査しようとしていることが、すでになされたことではないかを確認せよ、ということだ。すでに別の調査者が入って調査したことのあるフィールドで、同じことを繰り返すことは、フィールドにとって迷惑である。ただでさえ調査をするということは、調査対象者に少なからぬ迷惑をかけるということだ。これを最小限にするためにも、調査を図書館から始

めることは、必須なのである。

　この章では、調査は図書館から始まること、それが、フィールドに溶け込むために、そして「キーパーソン」を見つけるために重要であることについてまず述べる。そして、「キーパーソン」とは、調査を拡大するのに力を貸してくれる人であり、そういう人を探すことによって調査を進めていく1つの方法について述べていきたい。そして、その延長として、フィールドでの知識の得方、つまり聞き取りのコツをお伝えしたい。

学生たちの実際
　社会調査の本の常套句をいくら説明しても、残念ながら、私が調査を指導してきた学生の多くは、調査が図書館から始まることを必須とは、なかなか思ってくれない。調査が図書館から始まるとは、まずは基礎的な文献や先行研究を読む作業をせよ、ということである。もしかしたら、実際にフィールドに出て失敗しなければ、いまいち、ぴんとこないのかもしれない。
　私は1990年代中頃からフィールドワークを始めたが、最初に授業で計画させられた調査で、基本文献の発表を課せられた。「まぁ、何も知らないで行くのもな」くらいにしか、私も思わなかったのを覚えている。しかし、そこで私を指導した教員が伝えようとしたことは、調べられるようなことは、調べてから行け、ということだと今ならわかる。これには、教科書に必ず書いてあるように、過去になされた調査と同じことをしないように、という意味合いよりも、より重要な意味を持っていると、私は考えている。

調査が図書館から始まるのは、調査対象者に迷惑をかけないため
　その重要な意味とは、なんだろうか。調査対象者に対して、言ってはいけないこと、してはいけない振る舞いを知る、ということだ。フィールドにいる人は、そのフィールドにいるから持っているアイデンティティの特徴に関して、マイナスのことを言われたくはないだろう。言ってはいけないことを知る、適切に振る舞うにはどうしたらいいかを知る、余計な質問がどんなことかを知る。つまり、調査対象者を傷つけないために、調査を図書館から始

第Ⅰ部　聞いてみる

めるのは、必須なのである。キーパーソン候補だって、適切な振る舞いができない人の手伝いなんて、したくないはずだ。つまり、フィールドの人びとに、とりわけ、これから説明していくキーパーソンに信頼してもらうために、フィールドで適切な振る舞いをすることが必要だ。そしてその重要性は、信頼を失うようなことをしてしまってからしか気がつきにくい。フィールドでうまくやるために、できるだけ調査対象者を傷つけない知識を身につけ、それからフィールドに向かおう。

　私は、大学院に進む前に、現在フィールドとしているトランスジェンダーのコミュニティについて、いろいろと学び、大きな刺激を受けた。例えば、性同一性障害の人にとって、性別を移行することが、「本来の自分に戻る」ことであること。そこから、彼女ら／彼らにとって言ってはいけないこと、使ってはいけない言い回しを、感覚的につかんだと思う。たとえば、「本来の自分に戻る」のだから、女や男に「なる」のではなく、もとの性別を「取り戻す」のだ、というように。フィールドワークをするようになり、たまたま居合わせた場面で、うっかり「女になりたいんですよね」なんてことを言う別の調査者に会ったときには、言われた人が嫌な思いをしているのではないかとドキドキし、その人よりもむしろ私のほうが怒った。基本的な教育がされていない、と思ったのだ。同じ調査者として、失礼なことはしてほしくなかった。失礼なことをする人と一緒くたにされ、じゃまだと思われるのが嫌だったのだ。つまり、調査を図書館から始めることは、フィールドに安心して居るための、技法なのである。

　そのように、言ってはいけないこと、してはいけない振る舞いがわかったら、いざフィールドだ。フィールドに入り、インタビューを進めていく際には、ちょっとしたコツがある。それを次に述べていこう。

2. キーパーソンを見つける

フィールドに入る前にもう1つしておくべきこと——最初のキーパーソン探し
　私は、在日韓国朝鮮人、日系ブラジル人、そしてセクシュアル・マイノリ

ティと、対象を変え調査経験を積んできたが、図書館で本を読む以外に必ずしていたのは、フィールドに導いてくれる人を見つけることだ。具体的には、最初に集会などに連れていってくれる人、あるいは集会などでそばにいてくれる人、である。これが、最初のキーパーソンだ。

　そういう人がいると、安心するし、なにより、フィールドの見ず知らずの人に対しても、仲間の知り合いという地位を確保することができる。つまり、ある程度の信頼性を得たうえでフィールドにいることができるのだ。10章の團論文でも議論されるが、見つけるのには手間はかかるかもしれないが、つてをたどれば見つからない、ということはない。例えば、自分の入りたいフィールドに近いフィールドで研究している教員、大学院の先輩なんていうのは、結構使える。私も、最初にフィールドワークした在日韓国朝鮮人のコミュニティでのキーパーソンは、大学の韓国語の先生で、フィールド先である在日のための教会の牧師だった。そして、図書館で学べるようなフィールドの人を傷つけない方法を知っていないと、最初のキーパーソンに信頼してもらえないだけではなく、これから述べていく調査を手伝ってくれる次のキーパーソンにも信頼してもらえない。もし、不適切な発言をしたら、それらのキーパーソンの信頼を損ねてしまうかもしれないのである。

調査を成功させるためのキーパーソン——次の段階のキーパーソン

　断言しよう。フィールドワークを成功へと導くのは、フィールドであなたの手伝いをしてくれるキーパーソンを見つけることである。それは、最初にフィールドに連れていってくれる人と同じ人の場合もあれば、別の人のこともある。逆にいうと、調査を手伝ってくれるキーパーソンが見つからない場合には、そのフィールドではフィールドワークを、私ならしない。それくらい、調査を手伝ってくれるフィールドの構成員がいると、調査は円滑に進む。であるから、フィールドですべきことは、最初に一緒に行ってくれるキーパーソンがいなかったとしても、とにかくフィールドに通い、フィールドであなたを調査の成功へと導いてくれるキーパーソンを発見することだ。

　では、ここでいうキーパーソンとは、具体的にはどんな人だろうか。それ

は、フィールドである程度の地位や人間関係を持ち、世話を焼いてくれる人、世話を焼いてくれるまでしなくても、インタビューする相手を紹介してくれるなど調査を手伝ってくれる人のことだ。

　私は、トランスジェンダーの自助グループの代表と最初のキーパーソンに引き合わせてもらって知り合いになり、ずいぶんと世話を焼いてもらった。つてをたどって知り合ったのだったが、快く、その後の調査を手伝ってくれた。この、つてをたどっていく、というのは、フィールド調査で重要な基本事項である。「雪だるま式（スノーボール）サンプリング」などと、呼ばれたりする。そういう方法は偏りが出るなんて言われることもあるけれど、良くしてくれる人なら、この間紹介してもらった人とは違う傾向の人を紹介してほしい、なんていうお願いもしやすい。

キーパーソンを見つけるために必要だと思うこと

　そういうことをしてもらうために必要なのは、キーパーソンになりうる人に、あなたの調査に期待を持ってもらうことだ。単なるお人好しを探せばいいのではない。あなたのする調査に意味を見いだし、手伝うことで、その人、あるいはコミュニティに見返りがありそうだと思ってもらうことが肝心である。その人たちの抱える問題を一緒に考えてくれるとか、広めてくれるとか、何らかのメリットをあなたがもたらす可能性が必要だということだ。

　この原稿を書いている2015年の段階で、多くの読者は性同一性障害ということばを聞いたことがあるだろう。しかし、そのフィールドで私が調査を始めた1997年当時、性同一性障害という概念は世間に知られるようになったばかりで、まだメジャーではなかった。当事者である彼女ら／彼らは、理解者を欲していた。研究してくれる人も欲していた。そういう恵まれた環境で、複数のキーパーソンに私は出会った。

キーパーソンがいるとなぜいいか

　キーパーソンには、インタビュー相手を紹介してもらえる。でも、キーパーソンがインタビュイー（インタビューをする相手のこと）候補に私を紹介して、

その候補者がインタビューを引き受けてくれるのはなぜだろう。それは、キーパーソンに信頼してもらえているという理由で、怪しがられたりしないからだ。彼女が紹介する人なら、彼女の知り合いなら、彼女の頼みなら、というのが重要なのである。

さらに、キーパーソンには、いろいろなところに連れていってもらったり、情報提供してもらったりできるなど、利点にならないことはない。そういうキーパーソンを、それこそ雪だるま式に増やしていくのが、調査を拡大し、続けていくコツである。そういう調査の仕方が「雪だるま式（スノーボール）サンプリング」なのだ。それはサンプリングではないので、私は、「調査者を雪だるま式に募った」などと、調査概要には書くようにしている。

しかし、そんなに簡単に、キーパーソンが見つかるとは限らない。そういう場合には、とにかく、導いてくれる人が誰かわかるまで、そして見つけて仲良くなれるまで、フィールドに通い続ける。そういう根性が必要なのも、フィールドワークである。大変でも、方法はあるのだから。

思い切ったインタビューの申し込み

ところで、当初は、当事者のコミュニティのみで調査をしていた私も、医学会に調査先のコミュニティを広げることができた。それは、ちょっとした発端である。毎年行なっていた GID 学会（GID は、Gender Identity Disorder の略。いわゆる「性同一性障害」のことである）は、当事者も、医者も、その他の研究者も、話ができる重要な場である。そこで、GID について調査を始めた知り合いの文化人類学者が、ある有名な精神科医にインタビューできることになったと、私に言ったのである。私は、えー、そんなのありなの？と思ったが、だったら私も引き受けてもらわなくっちゃと、話しかけ、あっけなく OK をもらった。ということなら、と、その話をつてに、もう1人にも申し込んだ。あっけなく OK をもらった。もちろん、よく見る顔ではあったと思うが、あっけなさに、言ってみるもんだなぁと思った。さすがは文化人類学者であるな、と思ったのを覚えている。

第Ⅰ部　聞いてみる

インタビュイーがキーパーソンに

　さて、念願かなった精神科医へのインタビューであるが、その人に、キーパーソンになってもらうことに決めた。そこで、何をしたかというと、「おっかけ」をしたのである。その先生の講演会には、全国どこでも顔を出した。「ほんと、どこにでもいるね」から、話ができるようになるまでは、楽しかった。

　そんなこんなで、私のやってみたかった研究手法（会話分析や相互行為分析といわれる）の話をして、診察をビデオで録画できることになった。で、論文を書いた。これからも、大事に分析するつもりのデータ群である。

　と同時に、京都のキーパーソンと私が飲み仲間だということで、やはり同じように京都のキーパーソンと飲み仲間の大阪の精神科医たちが、インタビューを引き受けてくれるようになった。中部地方にも足を伸ばした。じゃ、形成外科医にも、というところで、関東に戻ることになった。

　本を出したことをフィールドのブログで取り上げてもらったり、飲み仲間つながりだったり、というなにがしかのきっかけの重なりが、インタビューを可能にしたと思う。彼が引き受けたなら、では私も、の連鎖は、みながキーパーソンというわけではないが、当時のほとんど悉皆でのインタビューを、円滑に進める方法であった。それは、誰かに信頼されているという情報を担保とした、信頼のされ方だと言い換えてもいいかもしれない。

3．聞き取りのコツ

当事者であることを担保にして調査する学生たちを指導して

　近年、性同一性障害という言葉が広まり、当事者研究として性同一性障害について研究したい、あるいはトランスジェンダーについて研究したいという学生を指導する機会も増えてきた。

　そこで問題になるのは、「あ、わかる、わかる！」の合いの手で、何がわかったのかが言語化されないインタビューをどうしてもしてしまう、ということだ。つまり、言わなくてもわかっていることを相手に言葉に出して発話

してもらう、しかも丁寧に、詳細にしてもらうというのが、インタビューには必要なのである。次にそれについて述べていこう。

いつになっても「ど素人」として聞く

　私は、ど素人（図書館で得られる情報は持っているけど現場は知らない）という状態から、性別を移行する行為のフィールドワークを始めた。だから、最初の頃のインタビューは、非常に分析勝手がいい。なぜなら、私の必要な情報の、すべてといってもいいくらいのことが言語化されているからである。図書館で調べたことから、何が自分にとって必要な情報かは、もちろん大雑把にでもわかっていないとインタビューはできないが、詳細は、やはり言語化されて初めてわかるものである。

　しかし、ど素人として聞くのを活かしてインタビューをするうえで気をつけていることが2つある。1つは、誰をインタビュイーにするかであり、もう1つは、言いたくないことを言わせないインタビューをするということである。

　まず、だれにインタビューしたらいいかであるが、話しなれているなど、整理して話ができる人がいい。分析的に話せる人の話を聞くことは、すでに分析をしているようなものである。インタビューすること自体が、すでに分析を含んでいるというのは、そういうことだと思う。それこそキーパーソンは、そういう人を紹介してくれる。

　もう1つの、言いたくないことを言わせないインタビューをする、ということも重要である。なぜなら心理的負荷をインタビュイーにかけたくないから、それこそ、迷惑をかけたくないと思うからだ。だから、話せることに焦点を当てて話してもらう。そうすると、聞きたい話を、進んで言語化できる人に話を聞く、というのが重要になる。そこで、それがどういう人かは、キーパーソンが選んでくれるし、やっているうちに自分でもわかるようになるものだ。わからなければ、数をこなして聞きたい話がしたい人に当たるのを待ったらいい。

　そういうふうに、明確に、詳細に、聞きたいことを言語化してもらう必要

があるが、そして、それはそれ自体が分析でもあるのだが、無理には話させないという心構えが重要だと思う。そういうことは、図書館から始まり、キーパーソンたちと、あるいはフィールドにいる人びとと共在するなかで学んでいくものなのだろうなぁと思う。

4. 押しは強く腰は低く

　この原稿を書き直しているちょっと前、職場が変わっててんやわんやになり、フィールドワークしていないという状態が3年くらい続いていた。でも、ある意味、楽観視している。以前、院生時代にも同じような状態になり、しかし復帰して発見したことをネタに、論文を書いたからである。だから、長く続けるのであれば、小休止は別に悪いことではないとも思っている。そうして、たまには立ち止まったりしながら、私は一生やっていくのだと思っている。ちょうど、この原稿を書いている途中に、再びフィールドワークを始めていた私は、思い切って初めて日本精神神経学会大会に参加して、医師たちに久しぶりの挨拶もし、一緒に酒を酌み交わした。その後、医師を主な構成員にした性同一性障害の学会にも理事として復帰し、近年の世界的動向である脱医療化に向かう、医師たちのかじ取りを見届けようと心に誓った。

　では、まとめよう。図書館から調査を始め、フィールドワークをしながらキーパーソンを探す。そして、仲良くなる。キーパーソンは多いほうがいい。キーパーソンからインタビューへの順調な道が開けるし、多少サボったとしても時々飲んで情報収集したりもできる。そして、饒舌な人に話を聞くのが分析への近道である。フィールドワークには、フットワークの軽さと、勢いが必要だ。あとは、出会えるか、良くしてもらえるかの運。腰は低く、押しは強くが私の信条である。

【Further Readings】
E. F. Whyte, Street Corner Society, Chicago: The University Chicago Press, 1943.(奥田道大・有里典三訳『ストリート・コーナー・ソサエティ』有斐閣、2000

年)

　1930年代後半に、あるイタリア系移民の参与観察を行ない、街かどのギャング団に、「仲間」として加わって行動をともにしたのである。その際に、ギャング団のリーダー役をつとめていたドックという青年と知り合うことで、その地域に受け入れられ、内側から地域の全体像を把握することができた。以下は、出会ったときの会話である。

　　ドック：君がみたいのは、上層の人の生活か、それとも、下層の人の生活か。
　　ホワイト：できることならすべてをみたいのです。私はコミュニティのできるだけ完全なピクチヤーを手に入れたいのです。
　　ドック：わかつた、君がみたいと思うものは何時でも、おれが連れていってあげよう。(296頁)

　この出会いをきっかけにして、ホワイトはドックを頼りに、スラム地区の全体像をつかむことができた。

第Ⅱ部
やってみる

なぜだかずっと気になっていることがある。気になっている人たちがいる。それらを調べるための方法の1つに、実際に「やってみる」というアイデアがある。関心をもったその対象となる人びとの暮らす社会で、かれらがやっていることを、自分も同じように「やってみる」。そうして、どんな手応えがあるか、自分も体験してみる。そんなことを通じて、できることなら自分もその社会の一部になってみる。すると、かれらと同じ視点で社会を眺めることができるようになってくる。少なくとも、そのように努めてみる。そんな方法がよさそうだ。
　なんて安直なんだろう。そう思うかもしれない。
　たしかに、「やってみること」それ自体はなにもすごいことではないし、えらいことでもない。問題は、「やってみた」はいいけれど、それをどうすれば「研究」にすることができるのか、「文字」にすることができるのか、というところにある。
　第Ⅱ部では、「現場で実際にやってみる」ことを通して得た自分の経験を「社会学」にしてゆくためにはどうすればよいのか、そのためのアイデアを、経験者の視点を通してお見せします。

（前田拓也）

5 「わたし」を書く
障害者の介助を「やってみる」

前田拓也

これから紹介する調査をもとにして書かれた論文

前田拓也『介助現場の社会学——身体障害者の自立生活と介助者のリアリティ』生活書院、2009年。

　重度の障害者たちによる、「自立生活」という営みがある。これは、障害者たちが、施設でもなく、家族の介護にもよらず、自分たちで介助者を見つけ、日々をやりくりしながら地域で暮らそうという試みのことだ。わたしは、この「自立生活」を営む重度身体障害者たちの日常的な介助を担う「介助者」の1人として、約8年間働いてきた。

　この、「自立生活」を構成する「介助現場」の現実は、重度身体障害者と介助者がどのような関係性を取り結ぶことによって成り立っているのか。あるいは、両者のいかなる実践によってつくりだされているのか。それを、人びとの相互行為の水準に沿って明らかにした。

　健常者が「介助者になる」ためには、まずは介助の「技術」を身に付ける必要がある。しかしこの「技術」は、実際に介助を受ける障害者とのやりとりのなかからはじめて身に付けられてゆくものだ。健常者としての思い込みや決めつけをいったん保留しつつ、かれらがいったいなにをしてほしいのか、してほしくないのか、丹念に聞き取り、何度も確認しながら実践することを通して、かれらの「手足」として働くことができるようになってゆくのである。しかし同時に、こうしたプロセスを経ることで、介助者は否応なしに、健常者としての自己の立場性やアイデンティティの揺らぎを経験し、自己を省みることになるだろう。まさにこれこそが、「介助者になる」ことの最大の意義だったのだ。

---

1. 読者に向かって「わたし」を書く

　「やってみる」ことを「社会調査の方法」として用いることとは、すなわ

ち、まずはそれまでの自分にとって未知の世界にあえて入っていこうとすること。そして、その世界に暮らす人びとがやっていることを、自分も同じようにやってみること。そうしているうちに次第に起こりはじめる「自分の変化」それ自体を、観察の、あるいは研究の対象にしてしまおうという方法である。とはいえ、出かけていく先はかならずしもそんなに「遠い」ところである必要はない。わたしたちの慣れ親しんだ世界の案外すぐそばに、見知らぬ世界は口を開けて待っているものだし、そもそも、自分があたりまえだと思っている世界が、他の人にとってはあたりまえではないこと、新鮮だったり「なんか変」だったりすることなどいくらでもある。

しかし、そもそもそんな「わたし」に、いったいだれが興味をもってくれるというのだろう。たとえば、思いもよらぬできごとに遭遇して、動揺し、当惑し、狼狽するわたしの様子など、多くの人びとにとってはたしかに「知ったことではない」だろうし、無名の社会学者や一介の大学生・大学院生の「珍道中」を、聞かされ、読まされたところで、「おまえだれやねん」というハナシではある。つまり、その身に降りかかった「個人的な」経験を、さも重大事であるようにそのまま語ってみせたところで、そう簡単に「読者」からの共感を得ることはできないだろう。

ここでいう「読者」とは、なにもプロの書き手にとってのそれだけを指しているのではない。大学生にとってはまずはゼミの指導教員やゼミのメンバーがそうでありうるし、大学院生であっても、論文執筆や学会発表をする過程などで、それまで予想もしなかった新たな「読者」に出会うことになるだろう。では、こうしたまだ見ぬ「読者」たちにとって、「わたし」の経験がどのような意味をもち、どのように「役に立つ」のか。この問いから、わたしたちは逃れることができない。つまりこれは、言い換えれば、わたしが「見知らぬ世界で右往左往するわたし」について書くことが、どうすれば「社会学」になりうるのか。あるいは、「わたし」についてどのように書けば「社会調査をした」ことになるのかという問いであるといってよいだろう。

筆者は、「障害者を介助することのリアル」を知りたくて、その知る手段として実際に介助をはじめてしまったような人間なのだが、実はわたし自身

は、介助をはじめてしばらくのあいだは、「介助を実際にやってみること」それ自体がなんらかの「障害者介助に関する社会調査」になっているとはなかなか思えないでいたのだった。では、わたしはどのあたりからこれを「社会調査」だ、これ「も」社会調査だ、と確信するようになっていったのか。ここが本章のポイントになるだろう。

この章では、「現場で実際にやってみる」ことを通して得た自分の経験を「社会学」にしてゆくためにはどうすればよいのか、そのためのアイデアを、わたしが実際におこなってきたことに即して示してみたいと思う。

2.「そこにいてもかまわない」ということ

「やってみる」までのこと

わたしがそもそも、「ケア／介護／介助」といった世界に関心をもちはじめたのは、「福祉」や「支援」といった世界がしばしばもってしまう、異論をはさみにくい「正しさ」への漠然とした疑問からだった、と言ったら叱られてしまうだろうか。当時のわたしには、家族にも友だちにも、障害をもった人がいなかった。そんな「外部」から眺めた「福祉の世界」の住人たちは、「人の役に立ちたい」、純粋で、まっすぐな、それゆえどこかうさんくさい人たちに見えていたのだ。「この人たちはなにがうれしくてわざわざ"こんなこと"をやってるんだろう。障害者と接することなく生きていこうと思えば生きていけるのに」、というわけだ。

一方で、そうした人びとがこの社会には切実に必要とされていることも、もちろんわかっていなかったわけではない。しかし、実際のかれらはいったいどんな人たちなんだろう。自分とはけっして相容れないタイプの人間たちなのだろうか。その仕事にはなにか独特のおもしろさがあるのだろうか。不思議なことに、先に述べた根拠のない決めつけとは裏腹に、どこかでわたしはかれらに惹かれてもいたのだろう。いずれにしても、わたしは、障害当事者に興味があったというよりも、むしろ障害者（運動）にかかわる健常者（介助者）たちのほうにより興味があったということができる。障害者という他

者について、健常者である自分はなにも語れない、語るべきでないと最初から思っていたところすらある。

「いてよい」人

　そうして、うっかり大学院まで進んでしまったわたしがまず関心をもったのは、やはりこの「福祉」の世界、とくに障害者の介助に従事する人びとの現実である。上に述べたような漠とした違和感はそのままに、しかし、「現場のことを知らずに文句を言うのもなあ」ときて、「ここはやはりフィールドワークだ！」までに時間はかからなかった。

　では、当時のわたしが、あらためて「福祉」の世界の実際を知る手立て、つまり社会調査を試みるにあたって、どのような方法がありえただろうか。

　たとえば、実際に想定していた調査方法として、いわゆる「聞き取り／インタビュー」調査という案があった。しかしこれは、当時の自分にはあまりにハードルが高いものに思えた。なぜなら、わたしはおそろしく人見知りで、口べたな人間だからである。いきなりその場を訪れてさほど面識もない人間と膝つき合わせてはなしを聴くなど、考えるだにおそろしい。インタビューの場面を想像してみるだけで、胃がキリキリと痛んだものだ。

　また、そもそも得体の知れないわたしのような人間が突然訪れてきて、あなたの話を聞かせてくれ、わたしの知らないことを教えてくれだなんて、あまりに虫がよすぎるように思えた、ということもある。どう考えたって先方に迷惑なのにちがいない、と思えたのだ。もちろん、いまなら、「迷惑」であることを前提としたうえで、たとえばアポイントメントを取る前に、相手に自分の素性を明らかにするとか、調査主旨をきちんと伝えるとか、といったように、なんらかのかたちで「あたりまえの手続き」を工夫することはできる、と考えることができるだろう。しかし、おそらく当時のわたしにとっては、そうした「おとなの手続き」ができるかどうかが問題なのではなかったのだと思う。いまから振り返ると、問題の根っこは「自己紹介ができない」ことにあったのではなかったか。

　なにかをしらべたい、と思う。しかし、自分がなにをしらべたいのか、そ

して、なにを知りたいと思っているのか、それがそもそも、自分のなかではっきりとした像を結べていない。言い換えれば、自分がなにをしらべたいのか、実際にしらべはじめてみないとわからないということがある。そんなとき、はなしを聞いてみたいと思っている相手に、自分がなにをしらべたくてはなしを聞きたがっているのか、説明するのは難しい。

　だからわたしは、わたしの役割や居場所を確保しながら、現場からはあくまでも一定の役割のなかで必要とされつつ、なおかつ現場の様子を知ることができる、そんな——都合良くも手前勝手な——方法だってあるのではないかと考えたのだった。それが、「やってみる」。より具体的には、「働いてみる」だったのである。

　実際にそこで働きながら調べてみることにはさまざまな利点がある。まず1つは、そこに「いてよい」理由になるということである。現場からはあくまでも一定の役割のなかで必要とされながら、なおかつ現場の様子を知ることができる方法。それが「介助を実際にやってみる」という方法であった。このとき、わたしが訪れた「自立生活センター」（後述）の人びとにとって、大学院生という存在は多かれ少なかれ「謎な人」ではあっただろう。けれども、ちゃんと働いてくれてさえいれば、まずはそれでいいのだから。

3. やってみたはいいけれど

「やってみる」へ

　2001年。そうして障害者の介助を「やってみる」ことになったわたしが訪れたのは、障害当事者たちのネットワークである「自立生活センター」（以下、CIL）と呼ばれる集団である。

　兵庫県某市に居を構えるX会には、自立生活を営む身体障害者が30人、正規スタッフが20人強（その過半数は障害当事者）、非常勤の登録介助者は約180人（実際に動いているのはこの約半数ほど）と、その規模は国内最大級といってよい。

　CILにおける介助サービスは、基本的に「有償／有料」である。もちろん、

第Ⅱ部　やってみる

ボランティアで、つまり無償でおこなわれる介助もあるが、あくまでも有償とすることには一定の意義があるだろう。まず、給料のもらえる「仕事」として介助が成り立つのであれば、介助者の確保はある程度容易になるだろうということ。次に、介助者に「責任をもって介助を担わせる」ことができるということ。そして、障害者自身に、あくまでも介助サービスの「消費者」としての自覚を促すこと。つまり、介助は「やってもらう／やってあげる」という非対称な関係のなかでおこなわれるものではなく、あくまでも契約／雇用関係に近しいものとしてドライにおこなわれるべきであるという理念をそこに見ることができる。

　大学院生であるわたしが介助に入っていたペースは、それで「食っている」人びとに比べれば、やはりそう多くはない。レギュラーで入っていたのは、多いときで週に3回、少ないときで週に1回。介助時間は、1回につき短くて4時間、泊まりこみでの介助であれば、長いときで12時間になる。時給は1000円で、当時のわたしは、収入の半分くらいを介助から得ていたはずだ。つまり、当時のわたしは、お金をもらいながら調査をしていたことになる。

対象が見つからない

　さて、冒頭にも少し触れたが、実はわたし自身は、「やってみること」それ自体がなんらかの「社会調査」になっているとは思っていなかった。介助の仕事をはじめた当初は、しばらく介助をつづけてCILの人びとと多少顔なじみになってきたら、機会をみて「インタビュー」を敢行しようと考えていたし、実際、ある時期まではそう思い続けていた。

　しかし、大きな問題があった。というのも、本来わたしは、「障害者と主体的につきあっていこうとする健常者」の存在に興味があったはずだ。にもかかわらず、ただ介助をやっていたのでは、そもそも「ほかの介助者に出会う機会」自体がないではないか！　介助という仕事は、介助する者とされる者との「1対1」の関係性のなかでおこなわれるのがふつうである。たとえば、多くの場合、自立生活を営む障害者たちの自宅を訪れ、かれらの身の回

りのお世話——手足の代わりとなって働く——をひとりですることになる。とすれば、ほかの介助者に会う機会はめったに訪れない。仮にそのような機会があったとしても、互いにほかの障害者を介助している最中であることが多く、仕事中のわたしたちはあくまで障害者たちの「手足の代わり」なのだから、そこで「インタビュー」を敢行するわけにもいかない。こうしてわたしは、淡々と日々介助をこなしているだけでは「調査」になってないことに気づき、悶々としはじめるのであった。

では、この状況をどのようにして打開することができたのか。それは、わたしがわたしの仕事ぶりをまず見つめ、書くことによって、であった。

4.「わたし」という対象に出会う

「当惑するわたし」を記述するという方法

わたしが採用した方法は、わたしが「わたし」について書くこと。これである。ようやくわたしが「出会う」ことのできた介助者、それは意外にも、「わたしという介助者」だったのだ。どこまで自分が好きなんだと思わなくもないが、たしかに、自分自身を対象にして書くということには、どこかナルシスティックな要素がつきまとってしまうし、見ようによっては、いつでもどこでも調査対象といっしょにいるようなものではあるから、それ相応の厄介さがつきまとう。もちろんこうした方法には、「それはおまえがそうだったというだけで、一般的なはなしにはなりえないぞ」という反論ともつねに隣り合わせであろう。つまり、ただ単に「自分のことを書きました」では、やはり「研究」には、ましてや「社会（の）学」にはなりえないように思える。

そこでわたしが用いた方法は、「障害者の介助などにまったく縁のなかった"素人"がいきなりその世界に放り込まれたとき、かれ（つまりわたし）はどんな反応をし、どんな認識の枠組みの変化を経験することになるのか」という「設定」を自分に適用してみることであった。

介助している相手の意図が汲み取れなくていらいらしているわたし。抱き

かかえた障害者の人肌のあたたかさを、どこかきもちわるいと感じているわたし。全裸の障害者を目の前にして、服を着たままでいる自分に居心地の悪さを感じているわたし。排泄行為を目にすることの不快と、排泄物の臭いを嗅ぐことの不快を感じているわたし。そして、こうした一連の「当惑しているわたし」が露呈してしまうことで引き起こされる気まずさ。つまり、自分のなかに発生した「ノイズ」から考えることにしたのである。

では、こうしたさまざまな「わたしの経験」を、わたし以外の人間たちにも理解可能なもの、あるいは、わたし以外の人間たちのもとにも同様に起こりうることとして描くには、どのようにすればよいのだろうか。

1つのアイデアとして、まずは、自分にとっての不快な経験を、どこかべつの行為のなかに発見してみること。つまり、比較することである。

たとえば、障害者の「生身」に触れることで感じる不快があるとすれば、この不快を、わたしはどこかべつのシチュエーションでも感じうることなのだろうかと考えてみる。

わたしが人肌のあたたかさを感じるたびにどうしても想起してしまったのは、端的に、「セックス」であった。というか、自分にとって、他人の「生身」に触れるという経験を比較できそうな経験が、「セックス」くらいしかなかっただけだといえるかもしれない。そのことから連想して、では、他人とのなんらかのボディ・コンタクトがあるスポーツを経験する機会のあった人間ならば、少なくともわたしに比べれば不快に感じる度合いは低いのではないか、つまり、わたし以外の介助者は、おなじシチュエーションにあっても、わたしと同じようには不快さを感じないのではないか、と考えてみる。

セックスにせよ、ボディ・コンタクトのあるスポーツにせよ、これらは多くの人びとにとって、少なくとも障害者介助に比べればよっぽどなじみの深い、もしくは、ある程度想像可能な経験ではあるだろう。これらをあえて「おなじ行為」として並列に並べてみることで、その「違い」を考えることができるようになる。

わたしのなかにある社会

　このような作業をしてみるとはじめて見えてくることがある。それは、この「不快な経験」は、自分の個人史のなかで培ってきた「ものごとの感じかたの枠組み」が引き起こした経験だということである。個人の生きてきた歴史はつねに社会の網の目のなかに置かれているのであり、また、この社会のありかたとわかちがたく結びついているだろう。とすれば、この「わたし」という個人がもっている「ものごとの感じかたの枠組み」は、「わたし」を取り巻く「社会」がつくりだしたものだと言えるはずだ。

　わたしがどうしても不快に感じてしまうのは、そして、なかなか慣れることができなかったのはなぜか。やはり単一の理由を特定することができるわけではないだろうが、それでも最低限指摘できることは、それまでのわたしが、他者を介助するという経験をまったくもつことなく生きてきたことが関係しているだろうということである。しかし、そうした健常者はむしろ多数派であろう。多くの場合、障害者の介助を担ってきたのは、親をはじめとした家族や、それをなりわいとする福祉専門職などの特定の人びとなのであり、それ以外の人びとは、介助を担うという経験をすることなく（免除されて？）生きていくことができる。そしてこの「不快な経験」は、介助という仕事を選ばなければ、感じる必要のないままに生きていけるものである。こうした、障害者と健常者の直接的なかかわりをもつ機会が、家族や福祉専門職といった限定された人びとにのみあるという社会的状況のなかに、この「不快に感じる」というわたしの個人的経験は置かれているのだ。

　一方、障害者にとって、介助されるという経験はどのようなものなのだろうか。わたしに触れられること、介助者に触れられることに、日常的に不快感をおぼえているのだろうか。実際にわたしが介助していた障害当事者男性の答えは明確である。かれは端的に、「慣れてること」だと言うのだ。障害者は、介助者をはじめとした健常者に、体をさわられることに「慣れている」と言うのである。もちろん、他人に身の回りの世話をされるという経験は、幼児期のことを思えば、実はだれもが多かれ少なかれもっているものである。しかしおそらく、人生の一時期ではなく、生涯を通じて日常的に他者

に介助されることで生活を成り立たせてきた障害者たちにとって、「他人に体を触れられる」という経験は、ごくごくありふれたものなのである。このように考えれば、このわたしの「当惑」はやはり、「健常者として生きてきたわたし」だからこそ感じるものだということができるはずである。つまり、わたしが感じた「不快さ」という個人的な経験は、この社会の「障害者と健常者の非対称な関係性」を描く材料になりうるのだ。

こうしてわたしは、「社会」が「当惑するわたし」のなかに凝縮されているという事実を発見した。すなわち、「介助現場で当惑するわたし」を記述することは、この社会の一側面を、もっとも「ちいさな場所」から描くおこないでありうる、という発見である。

5.「ちいさな世界」から書いてみる

わたしたちにとって社会は、相手取るにはあまりに大きく、そしてつかみどころのないものであるように思えてしまう。ましてや、わたしという1人の人間がその全貌を捉えきろうなど、あまりに途方もないことだろう。しかし、その大きな社会の手前にある、人びとがあたりまえのように暮らし、振る舞う、身近でちいさな社会のなかで、わたしたちはどんなふうにその「あたりまえ」をおこなえているのかということなら、なんとか知ることはできそうだし、そのためにできる工夫はありそうだ。

この章では、一定の現場で得ることのできた個人的経験という、ちいさなこと・ものを元手にして社会を考えるためのアイデアを示してきた。なかでも、「はたらいてみる」もしくは「はたらきながらしらべる」という方法を採用することには、さまざまな利点があった。まずは、そこに「いてよい」理由になるということ。次に、自分の問題意識がいまだ言語化できない状態にあってもすぐに調査を開始できるということである。これらの意味において、とにかく「やってみる」ことはたしかに有効であろう。ただし、「経験」の記述を工夫し、他者（読者）にも理解可能なものにする努力は別途必要になる。そして、それを可能にするのは、なんらかの「しかけ」——調査の対

象となっている現場についてすでにある程度知っている人にとっては「あるある」に。同時に、知らない人にとっても「それっていかにもありそう」にするための――である。

そのためには、「その世界にまったく縁のなかった"素人"がそこにいきなり放り込まれたとき、かれはどんな反応をし、どんな認識の枠組みの変化を経験するのか」という「設定」のなかにいる自分を自分で観察し、そのさまを丹念に記述し、語ってみせることが有効であった。

ということは、実はこの「設定」を心がけてさえいれば、「やったことのないことにわざわざ新たに挑戦してみる」ことを、かならずしも必要としないとも――逆説的ではあるが――いえることになる。だからそのような意味で、自分がすでに働いている職場やバイト先の仕事の中身と経験を記述することも、なんらかの調査研究になりうるし、そこでの経験はそのままデータになりうるのだ。これは、「すでに働いている人たち」が自分たちのいまいる場所を捉え返し、思考の素材とするためにも、実は「使える」方法なのである。

いずれにせよ、「やってみる」という設定のなかで自身の経験を書くこと。見知らぬ世界のなかで、動揺し、狼狽し、当惑しているわたしの、その当惑っぷりを読者に見てもらい、いっしょになっておもしろがってもらうこと。これが、わたしの「やってみる」であったということができるだろう。

【Further Readings】
鎌田慧『自動車絶望工場（新装増補版）』講談社文庫、2011年。
　ずいぶんと大仰なタイトルに思えなくもないが、「ブラック企業」という語があたりまえのものとして流通しているいまとなっては、これだけで「ピンときてしまう」ものがあるかもしれない。たしかに、まずはそうした「社会派」的な暴露・告発本としての臭みが先に立ってしまうけれども、しかし自動車工場のルーティン化された仕事を実際に「やってみる」、そして、その経験をくぐった自己の変容のありようを「日記という形式」のなかで描いてみせるという手法の選択を含め、「個人の経験を読者へ向けて書く」にあたっての手つきの確かさは、それを差し引いてあまりある。

6 「ホステス」をやってみた
コウモリ的フィールドワーカーのススメ

松田さおり

> これから紹介する調査をもとにして書かれた論文
>
> 松田さおり「サービス業に従事する女性の〈仕事仲間〉——ホステスクラブZの事例を中心として」『ソシオロジ』50巻1号、2005年、87-104頁。
>
> 　松田のホステスクラブでの労働経験（参与観察）とホステスとして働く女性への聞き取りの検討から、職場内の〈仕事仲間〉集団が作業の習得や自己意識の変化などの学習とホステスのインフォーマル集団である〈仕事仲間〉へのメンバーになる過程が並行して進む、実践コミュニティ論に基づいて説明できる事例であることを示した。さらにメンバーの職場移動にともなうネットワークの広がりから、その適用範囲を拡大できる可能性について指摘した。

1. コウモリ的立場とは何か？

仲間になれない「卑怯なコウモリ」

　「卑怯なコウモリ」という童話をご存知だろうか？　翼があるから鳥だといい、牙があるから獣だといったコウモリが、どちらからも仲間はずれにされてしまうという寓話である。副題の「コウモリ」はここからの連想であり、そこには調査対象のホステス（バー、スナック、ナイトクラブなどで男性客を接待し、遊興や飲食をさせる女性の職業）が、性サービス業と接客サービス業のどちらでもない、微妙な職業ととらえられてきたことへの含みがある。そのうえで本章では、調査をしていたときの自分自身を振り返ってみて、調査者の立場が「コウモリ」に準えられるのではないかと考えて使っている。

　思い返せば、私はたしかに「コウモリ」のように扱われていた。調査現場

のホステスたちからは「学生さん」「真面目なやつ」「変なコ」などと男性客に説明され、その傍らで「卒論を書いている」「取材のまねごとをしている」「カネにならない、役に立たない勉強をしている」らしいと思われており、決して彼女たちの「仲間（同僚）」にも「友人」にもなれなかった。

その一方で、学会・研究会などの場では「ホステスの調査をしている人」ないしは「ホステスをしている人」として扱われ、やはり「仲間」ではなく、色物と見られることが多かった。つまりホステス界と学界のどちらにおいても、「自分たちとは同類でない」ととらえられるという点で、私は「コウモリ」的だったと思う。

調査者のコウモリ的立場

とはいえこのような立場は、ホステスが「特殊」な調査対象だから、ということだけによるものではない。以下で主張したいのは、フィールドにおいてはどの調査者もコウモリ的な存在になるだろうということだ。なぜなら観察のために現場参加しているという動機は、現場の人々からみてかなり「変」であり、それゆえに調査者は一時的・短期的な来訪者か、長期的に参加しても特殊メンバーないしは準構成員として扱われるからである。これを調査者のコウモリ的立場としよう。

私の場合、学生や調査者という身分をホステスたちに明かしていたことに加えてアルバイト（ここでは専業ではないパートタイムのホステスを指す）として働いていたことから、ホステスたちからは「正式なホステス」とは認められず、コウモリ的立場のままであった。しかしながらコウモリ的立場の維持は、現場の舞台裏をみることができる、メンバーの秘密を聞くこともできるという点でも、教えを請う、助けを得るという点でも、相手の懐に入りながらも、親しくなりすぎず、信頼されすぎずのバランスで、調査には都合がよかった。以下ではその効用について、自分自身のフィールドワーク経験から説明したい。

表1　対象論文に関わる調査一覧

参与観察①	1997.11～1998.12	クラブZ	老舗の「高級」大型クラブ。テーブル12台とカウンター、小型ピアノ1台。ウェイター10人、ピアノ奏者1人、ホステスおおむね30人在籍。アルバイトとして週3日、1日あたり3時間半程度従事
参与観察②	1999.12～2001.6	クラブY	クラブZのホステスD恵が独立して出店した小型クラブ。テーブル3台、カウンター、カラオケ機材。ウェイター1人、ママ1人、ホステス5人が在籍。アルバイトとして週3日、1日あたり4時間程度従事
参与観察③	2002.12	クラブY	閉店の催事に4日間、1日あたり4時間従事
聞き取り	専業ホステス7人、アルバイトホステス2人、ホステスクラブ経営者1人、ホステス専用美容室の美容師1人		

2. コウモリ的立場の効用①——考察対象と調査立場の発見

「まじめに仕事」で糸口をつかむ

　調査者として本当に恥ずかしく、また現場の人に礼を欠いていたが、初回行なった調査（表1：参与観察①）は、理論書・専門書・論文をあまり読まず、調査方法も充分に検討せず、結果についての見立てもないという、ないない尽くしの状態で始めた。

　その代わり、というわけではないが、私はホステスの仕事に（半人前以下のレベルではあるものの）まじめに取り組んだ。先輩ホステスから「（男性客に）電話かけて」と言われれば必ず従い、頼まれなくとも男性客に同伴（客と食事をした後、その客をともなって店に出勤すること）を週1回程度お願いした。こうした仕事を下位ホステスが行なうと、結果的に上位ホステスのノルマを一部負担し、かつ売上成績に貢献することになるので、とくにウリアゲ（店側と歩合報酬契約を結ぶ専業ホステス）からは歓迎され、評価もされた。

　他のアルバイトたちがやらない努力もした。例えば、髪型やメイクは必ず美容院で仕上げてもらい、ホステスらしく見えるよう心がけた[1]。ホステスの「サービス残業」ともいえる「アフター」（店の営業時間終了後に客とカラオケや食事につきあうこと）にも誘いがあれば乗った。ある男性客と食事をし

たときなど、彼が店に寄らずに帰るというので、強引に連れていこうとしたところ、「俺の担当はK（ウリアゲ名）だから！」（担当ウリアゲでもないお前とは食事をしただけで店に行くつもりはない、という意）と手を振り払われ怒鳴られたこともある。

　なぜ仕事に注力をしたかといえば、調査云々以前にまわりから「使えないヤツだ」と思われることが辛かったからである。「コウモリ」扱いではあるが、現場で認められたかったのだ。その最短の道は、ホステスたちから評価されることであり、私にできるのは「下働き」だけ。だから、水割りづくり、おしぼり渡し、灰皿交換、担当ホステスが着席するまでのつなぎ役といったルーティンを周到にやり、電話かけ、同伴、アフターなども手を抜かなかった。

　そうした努力の甲斐あってホステスたちから褒められたり、なじみの客ができたりしていったのだが、その過程でホステスという仕事についての私の見方も徐々に変化していった。後日、当時つけていた毎日のメモに綴られていた自身の仕事の習得の過程や、それにともなう周囲との関係の移り変わり、それを受けての自分の感情的な変化を並べて検討した。さらにホステスたちに聞き取り調査を行ない、職場内外での「仲間」関係や職業意識について尋ねた（表1：聞き取り）。そこからクラブZの有力ホステスの1人であった、対象論文中のD恵を中心とする集団とメンバー間の関係に焦点を絞り、学習の場としてのホステスのインフォーマル集団の分析につながっていった。何の公算もなかったのだが、仕事に注力したからこそ、分析の糸口を「発見」できたわけである。

調査ポジションの確保と維持

　通常、アルバイトは簡単な手伝いをすればよく、拘束時間もわずかで楽な仕事とされている。が、すでに触れたように私は日々励んだせいか、しんどい思いをした。夜間労働であることや、飲酒などによるストレスもあるが、それ以上に「調査を並行すること」「「世間体の悪い」仕事をしていること」「男性客のあしらいが難しいこと」「上役ホステスに男性客のあしらいを押しつけられること」が負担になっていた。メモにはほぼ毎日「（店に）行き

第Ⅱ部　やってみる

たくない」だの、「体がだるい、疲れた、辞めたい」だのと、書きつけた。それでも無断欠勤や遅刻をせず、Zでは1年余り働いた。

　その間私は愚直に仕事をするだけでなく、一定の距離を保ちつつも、ホステスの「仲間」になろうと努めた。職場内の人間関係を把握し、どのホステスにも従業員にも丁寧に接し、とくに自分に近い立場のヘルプ（専業のホステスだが、ウリアゲより下位。アルバイトを経た者も多い）と、ホステスの待機場所でもあるバー・カウンターで会話を交わしながら、徐々に距離を縮めていくようにした。その過程で、店側から専業のヘルプにならないかという誘いも受けた。地位の上昇でより見えてくるものがあるかもしれないと思ったものの、やはり辞退し、アルバイトにとどまることにした。

　というのも、アルバイトという「正式ではない」「半人前」以下の地位こそが、観察には適当であったからである。3、4時間程度の短時間勤務で、出入り期間も平均数ヵ月[2]と短いゆえに、接客の戦力とはみなされないこと。また手伝い程度の仕事しかできず「いてもいなくてもいい」存在であるために、職場の人間関係に巻き込まれにくいこと。それゆえに仕事に忙殺されることはなく、調査と並行できた。バー・カウンターというアルバイトの待機場所も、「お茶挽き[3]」のヘルプやウリアゲと会話しやすく、かつ店内全体が見渡しやすいという利点があった。さらに、アルバイトの更衣室は専業ホステスとは異なり男性従業員と同じ部屋だったため、彼らとも親しくなり、一緒に飲みにいったりするなど、他のホステスでは難しいつきあいも可能になった[4]。

　このような関係によって、私はクラブZを辞めた後も聞き取り調査を依頼したり、店や女性の動向を尋ねたりすることができた。D恵が独立して小規模店（表1のクラブY）を出すと聞き、アルバイトとして働きつつ現場観察ができたのも、そこからである（表1：参与観察②③）。Yで新たに出会ったホステスや、D恵の紹介によってクラブ経営者やホステス専用美容師など、ホステス以外の関係者にも聞き取りをさせてもらえた（表1：聞き取り）。こうして調査が続けられたのも、仕事に励みつつも、専業にはならずといった立場を確保し、その維持に努めたところが大きかった。

コウモリ相手の「告白」

　親しく、近い間柄、友人だからこそ、理解できることがある。これは、一般的には「真理」だ。しかし『タクシー・ダンスホール』で知られるポール・ゴールビー・クレッシーはこう述べている。「多くの場合、われわれの「親友」はわれわれに「思いのたけをぶちまけ」ない[5]」（Cressey 1983：103）と。これに私も同意する。というのも、ホステスたちと「親友」ではなかったから、もっといえばホステスたちから「同類ではない」とみなされていたから、女性たちが語ってくれることがあったのだ。

　ある晩自分は、ウリアゲC美の宴席に手伝いに呼ばれた。C美は、推定40代後半のベテラン。つねに濃色の和服を着こなし、髪を結い上げ、いかにも「玄人」風のホステスであった。「美人」ではなく、低いガラガラ声で、棘のある物言いをするが、良客の持ち主で、売上成績はD恵と並んでつねに上位4位に入り、ナンバーワンになることも少なくなかった。

　売れっ子のC美はほぼ毎日顧客と同伴して店に出勤する。そのためヘルプや暇なウリアゲたちとは日常的に会話できても、彼女とは挨拶すら交わすことが難しかった。店内で「位」の高いウリアゲのなかでもトップクラスのC美は、アルバイトにとっては雲の上の存在であり、加えて彼女は下位ホステスに対して厳しい指導をするとも伝え聞いていた。それゆえ私は、C美の対面にテーブルを挟んで着席してから、緊張し内心びくびくと接客していた。そんななかで客がトイレに立ち、彼女と自分だけが残された。私はいかにも「いい子分」を装い、いそいそと客のおしぼりを準備したり、グラスの水滴をふきとったりしていた。

　「あんたいつからいるの」。C美は私に話しかけてきた。「半年くらいです。『□□（アルバイト情報誌）』みて、来ました」。「誰が面接したの？」「常務です」「ふーん、Aさんが好きそうな感じだもんね、ぽっちゃり系で」。件の男性従業員「A常務」の話題から、他の男性従業員の話や店の先行きについての会話が続いた。

　「で、あたしもナンバーワンなって長いんだけどさ、まあそろそろここ辞めるつもり」「今の彼氏と結婚するから」。急にC美はクラブZの辞意を私

に語り出した。彼女に年下の恋人がいることはホステス間の噂で知っていたが、結婚話がでていることは初耳であった。そうなんですか、驚きました、残念ですとお為ごかしの応答をしつつ、［自慢したかったのかな？］などと思っていると、Ｃ美は声を低くし、しかしはっきりと「バラしたら承知しないよ、すぐにわかるんだからね」と私の耳元で囁いた。脅しのようであった。

「おかえんなさい」。客が席に戻り、何事もなかったようにまた会話が始まった。私は動揺しつつも、下働きに集中し、その日の手伝いは終わった。そして約２ヵ月後、彼女は本当に店を辞め、ホステスを「引退」してしまった！

おそらく彼女は、私の推測通り「結婚引退」というホステスにとって理想の身の引き方を誰かに話し、誇りたかったに違いない。しかし男性客や店側の人間に伝えるのは、引退までの商売に支障がある[6]。それゆえ、自分のような格下で無害な存在を手始めに告白したのだろう。もちろん私の口から噂が漏れ広がる危険もあり、だから脅し文句も付いてくるのだが、実際に辞めるまでの期間を考えるとそれも織り込み済みのようだ。たまたま彼女の席に呼ばれたから、という偶然の産物であったが、ホステスの引き際をいち早く知ることができ、嬉しい経験であった。

そのほかにも、ヘルプとウリアゲの双方から互いの愚痴を聞いたり、新米ホステスの男性客に対する幻滅と軽蔑から、感謝と尊敬への思いの変化を見たりと、「親友」「仲間」でないからこそ、ホステスクラブの人間関係を単なる師弟関係や商取引の「平面」的な関係ではなく、「立体」的に把握することが可能になったように思う。ホステスたちや客たちとの関係のなかにあって板挟みや葛藤がなかったわけではないが、店ではやがては去る、一時的な来訪者と思われていて、私自身もそう考えていたので、翻弄されることはなかった。

3. コウモリ的立場の効用②——現場におけるハラスメント・誘惑・危険への対処

ホステスだから危険なのか？

　ホステスは男性客のハラスメントの対象となる（それ含みの仕事と考えたほうがよい）。性差別的な発言、不愉快な性的ジョーク、強引な「すけべ」行為等々の困難のなかで、相手をうまくあしらいつつ、自身の感情的な問題にもうまく対処しなければいけない（感情労働！）。誘惑（旅行に行かないか、愛人にならないかなど）や、危険（ホテルにつれこまれそうになる、襲われそうになるなど）も日常茶飯事。上役のホステスからそういう状況に追いやられることもあった。

　ただしこの種の危険や困難というのは、ホステスに限らない。というのも周囲の大学院生や研究者たちと、フィールドワークの困難について何回か話し合ったことがあるのだが、女性のほぼ全員が調査の過程で、性的なハラスメントだけでなく、交際の要求やつきまといなどの危険に遭遇した経験を持つのを知って驚いたからである[7]。

ヘルプからの助け船

　私は調査で経験する困難をどうにか乗り切ったのだが、それにはホステスたちの支えが欠かせなかった。例えば調査を始めて間もない頃、私は男性客1人とホステス2人とのアフターに同行した。宴は六本木のナイトラウンジで深夜12時半からはじまったが、もちろん、最終電車の時刻は過ぎてしまう。まだ仕事に不慣れな私は、帰り道の見当もつかず、少々不安に感じていた。

　それでも［適当な時間で終わるだろう。それでタクシー代を出して家に帰してくれるのだろう］などと構えていたのだが、深夜3時をまわっても、客は機嫌良くホステスと話し込んでいて、帰ろうとする気配がない。彼は時折こちらに話題を向けたり、体を引き寄せたりする。それに巧みに応対できず、

緊張で気が抜けない。帰路にかかる時間や、明朝出席しなければならない授業等を考え、(よい調査の機会とはいえ)心底うんざりしていた。

それから30分後、いよいよ疲労がピークに達し、私はうなずきと愛想笑いぐらいしかできなくなっていた。そのとき、同行していたヘルプEが「帰るとき言ってね。一緒に出ましょう」と小声で私に呟いた。実に有り難い申し出であった。「お願いします」と返しつつも、意外に思っていた。というのもEは、仲のよいヘルプもウリアゲとの師弟関係もない「一匹狼」的性格のホステスで、私ともほとんど会話をしたことがなかったからである。

ともあれ、Eの顔をうかがいながら、頃合いを見計らって「そろそろですか」と声を出さずに口を動かした。少ししてEは担当のウリアゲや男性客に小声で何か話し、「ごちそうさまでした。じゃ、行きましょう」と、私の退席をうながしてくれた。客はタクシー代を2人分手渡してくれ、無事、帰路につくことができた。

このようなホステスからの「助け船」は、Eにとどまらず、以降も私は何度も経験した。売掛金保証契約[8]など、時に違法とされる商慣習の下で働くホステスたちの間柄は、師弟関係や敵対関係だけでなく、相互扶助関係を併せ持つ。私はそのおこぼれにあずかっていたのである。ハラスメントの常習客への具体的な対処法を教えてもらったり、嫌がらせを受けているときに「こっちの席にいらっしゃい」などと逃げ道をつくってもらったり(もちろんすべて逃げおおせたわけではなく、不快な思いもそれなりにした)。ホステス直々の支援だけでなく、彼女たちがどのように振る舞うかを見て真似をしたり、自分なりの工夫を加えていったりもしたことも役立った。

参加と学習による乗り切り

女性が調査を行なう場合、さまざまな形で嫌な思いを味わうことがある。自分のケースでは、そのほとんどは男性客に「若く未熟な女」として扱われることから生じていた。それに対応するには、同じ職場の女性たちから正当でなく、半人前であってもホステスと認められること、そして自分自身も「若く未熟な女」にとどまるのではなく、ホステスとしての所作を身につけ、

行動することが必要であった。つまり困難に対する処し方にも、フィールドでの参加と学習がきわめて重要だった。それは現場に入って観察・調査だけをすれば済むということにとどまらず、愚直に現場の活動にとりくみ、一時的・特殊扱いにせよ、周囲からメンバーとして認められ、相互的な助け合いの輪に入ること。そして現場で生じるハラスメント・誘惑・危険に対する[9]、具体的な乗り切り方や意識の持ちようなどを、周囲の観察と実践に基づいた身体レベルでの習得の不可欠さを示している。

4. コウモリ的フィールドワーカーのススメ

　ここまで、対象論文でのフィールドワークから、調査者のコウモリ的立場の効用として、現場参加と学習の重要性を述べてきた。
　と、偉そうに言ったものの、「現場参加と学習の重要性」など当たり前すぎるとの指摘もあるだろうし、そもそも私の行なった調査・研究は、「最強」でもなんでもなく、最弱だった。だから「ススメ」ていいものかどうか、本当は自信がない。しかし自分と近い経験をしそうな人たち——「いかがわしい」場所を調査してみたい人、調査・研究遂行中のハラスメントなどに煩わされている人——にも、「とにかくやってみよう」「調査を続けられるやり方をさがしてみよう」という気持ちになってもらえたら、たいへん嬉しいことだ。現場の知恵や経験を借りつつ、自分のなかに取り入れていくこと。人前に出て恥をかき、重いため息をつきながら、それでもじたばたし続け、どうにかこうにか存在を認められること。そうやって初めて前進できることを胸に刻みながら、調査と研究の場を、いかがわしいコウモリ——フィールドワーカーとして飛び交おうではないか。

注
1) 通常、専業のホステスでなく、給与も低いアルバイトは、このような努力を求められない。美容院代は1回あたり2000〜3000円程度かかるため、アルバイトの自分には痛い出費だった。しかし採用時の面接で、自分自身でメイク等を施したときは不採用であったのに、美容院でヘアメイクをしてから臨んだとき

は2ヵ所で採用を得たという経験をしたので、ホステス・男性従業員によい印象を与え、かつ信頼を得られるだろうと考えてやっていた。
2) 実際に、同時期に採用されたアルバイトの「同期」のほとんどが数ヵ月で辞め、1年後に残ったのは私だけだった。
3) もともとは遊女や芸者に客がなく暇なことを指すが、ここではホステスが同伴の約束を取りつけられず、担当客も来店せず、宴席にも呼ばれないことを指す。
4) ホステスが、男性従業員と仕事の用向き以外で一緒に外出する、飲食するなどは、表向きは憚られていた（禁じられる場合もある）。というのも、そうした行為はともすれば「男女関係」につながるため、店側が一種の「営業妨害」とみなすからである。
5) クレッシー（Cressey 1983）はこのような「親友」「友人」ゆえの困難を回避するための参与観察者の役割のあり方を、「社会学的よそ者」（研究者など自分の地位を現場で明かしたうえで調査対象者と接する）「匿名的よそ者」（自分の職業・身分を隠し「ほんの顔見知り」程度に調査対象者と接する）に分類し、特に後者について詳しく説明している。私の場合、自分の職業や調査の意図を明らかにする「社会学的よそ者」として現場に入ってはいたが、アルバイトという、ウリアゲホステスからすれば「顔見知り」程度の接触しかない立場が「匿名的よそ者」としての性格を強めていたと思う。
6) 例えば、客や店への辞意の切り出し時期の難しさ（それを機に来店しなくなる客や、店側との契約に抵触しないかなど、慎重な配慮が必要である）や、どのホステスに自分の客を譲るかなどの問題が出てくることなどが挙げられる。
7) もちろん男性にも同様のことはいえるのだが、私の知りえる範囲では圧倒的に女性の経験者が多いように思う。女性調査者ゆえの困難は、熱田敬子（熱田 2013）が示唆しているように、調査地において、（主に）男性から調査者以前に（恋愛や性的対象としての）女性というカテゴリーに入れられてしまうため、ということが理由の1つだろう。
8) ホステスクラブ独特の商慣習で、サービス代金の掛売で生じた売掛金（ツケ）の弁済をホステスが行なうこと。
9) 調査にともなう同様の困難への対処として、熱田は現場の人々との出会いにともなう恋愛リスクの不可避性について述べたうえで、具体的な注意点を挙げている（熱田 2013）。

【参考文献】
熱田敬子、2013、「恋愛感情にまつわることからは逃れられない」藤田結子・北村文編『現代エスノグラフィー――新しいフィールドワークの理論と実践』新曜社、234-237頁。

Cressey, Paul Goalby, 1983, "A Comparison of the Roles of the "Sociological Stranger" and the "Anonymous Stranger" in Field Research," *Journal of Contemporary Ethnography*, vol.12, no.1, pp.102-120.

【Further Readings】
Paul Goalby Cressey, *The Taxi-Dance Hall : A Sociological Study in Commercialized Recreation and City Life*, Chicago : University of Chicago Press, 1932.
　文中に引用したクレッシーによる、シカゴのタクシー・ダンスホールについてのエスノグラフィー。タクシー・ダンスホールは男性客を対象とした社交ダンス施設で、女性は雇われダンサーとして、客から指名されると時間制でダンスの相手をつとめる。1920年代から30年代にかけてアメリカの大都市で流行したが、売春施設の代替物と見られていた。クレッシーは調査協力者とともにタクシー・ダンスホールに入りダンサーや客から、今日でいう「参与観察」によって情報を得た。データ収集の技法という点でも、「いかがわしい」場の社会的世界を描くという点でも参考になる「古典的」研究である。

7 〈失敗〉にまなぶ、〈失敗〉をまなぶ
調査前日、眠れない夜のために

有本尚央

> **これから紹介する調査をもとにして書かれた論文**
>
> 有本尚央「岸和田だんじり祭の組織論——祭礼組織の構造と担い手のキャリアパス」『ソシオロジ』57巻1号、2012年、21-39頁。
>
> 　本論文は、大阪府岸和田市で伝統的に行なわれている岸和田だんじり祭を事例に、祭りを支える組織の構造を明らかにするとともに、その組織内部における担い手たちのキャリアパスに注目することで、祭りにおける連帯－競争関係の諸相を考察したものである。祭りの担い手たちは、いわゆる「花形」をめぐって競争を展開する一方で、祭りを滞りなく実施するために連帯することが求められる。そこでは、多元的な連帯－競争関係が入れ子状に組み合わさることで、柔軟かつ強固な祭礼組織を存立することが可能になっている。

1. 祭りを「やってみる」

調査前夜の憂鬱

　調査地に行く前の晩には、いつも憂鬱な気分になる。もちろん行ってしまえばなんとかなるということは経験的にわかっているし、楽しい出来事に遭遇することもたくさんある。けれども、それ以上に不安な気持ちがむくむくと膨らんで、なかなか眠りにつけない。「失敗したらどうしよう」「怒られたら嫌だな」などと考えていると目が覚めて、その後はただ辛い夜を過ごすことになる。

　本章で注目する「やってみる」という手法は、調査地となる対象の事情がそれぞれ異なるがゆえに、教科書的に「こうすれば上手くいく」という方法

を示すことが難しい[1]。ただ、これまで多くの研究者が「やってみる」タイプの調査による成果を残しているという事実の背後には、おそらく論文や書籍のなかの記述にはあらわれない数々の〈失敗〉の積み重ねがあるはずだ。なぜなら、〈失敗〉とは自らの行為だけで決定されるものでなく、あくまで調査対象との関係性において状況的に定義されるからである。ようするに、自分が〈失敗〉だと思った事柄が他者との関係において〈失敗〉として共有されるとは限らないし、逆に自分が〈失敗〉だと微塵も感じていないことでも他者にとっては間違いなく〈失敗〉であったと思わせることもある。そうした意味において、たとえ熟練のフィールドワーカーでも初めて訪れた調査地においては〈失敗〉が生じるものであるし、ましてやこれから調査をはじめてみようとする人にとっては調査地には数多くの〈失敗〉が待ち受けているに違いない。そこで本章では、「やってみる」タイプの社会調査における〈失敗〉が調査という営為においてどのような意味を持つのかを筆者の経験をもとに考えてみたい。

だんじり祭を調査する

　筆者が調査を行なっている「だんじり祭」は、大阪湾一帯に数多く分布する曳山祭である。そのなかでも全国的に知られる岸和田だんじり祭は、大阪府南部の岸和田市で行なわれる300年ほどの歴史を持つ伝統的な祭りである。毎年50万人を超える観光客を集めるこの祭りは、「地車」と呼ばれる山車を曳き回す勇壮な祭りとして知られている。岸和田だんじり祭では、地域内にある22の町（会）がそれぞれに所有する地車を祭りの2日間にわたって曳行する。祭りの見どころは「やりまわし」と呼ばれる地車の曳行方法で、地車を一旦停止させたあとに勢いよく交差点を曲がるものであり、しばしば大きな事故や死傷者を出す危険なものとして世間の耳目を集めている。

　筆者は、だんじり祭の関係者にインタビュー調査を行なうと同時に、祭りに関わる1つの町で実際に地車を曳いてみることを通して、祭りを支える組織の構造的な特徴や組織のなかを担い手が移動することによって生じる彼らの連帯‐競争関係の諸相を分析し、論文としてまとめた。おそらくこの論文

で書かれている内容のほとんどは、多くのだんじり祭関係者にとって「あたりまえ」のことだと思われる。なぜなら、だんじり祭を支える組織の構造は書籍やインターネット上に数多く紹介されているし、なにより幼い頃から祭りに携わっている人びとにとって自らが所属する組織は「知っている」ことであるため、わざわざ調べるほどではない。ただ、「あたりまえ」であるからこそ、彼らがあまり意識していないことでもある。しかし、筆者のような「よそ者」が調査を通じて知り得た祭りを支える組織の内幕は、だんじり祭の特徴を凝縮した祭りそのものでもあった。

楽しむための作法

　いまでこそ筆者は、祭りの専門用語をある程度理解し、祭り関係者と「普通」に会話できるようになったが、初めてだんじり祭を見た2006年の夏には、目に映るすべてが奇異であった。目の前を颯爽と通り過ぎる地車、整然と並びながら綱を持って走る青年団、地車の屋根で優雅に舞う大工方。例えばこのように祭りの一場面を描写することすらかなわなかったのである。けれども、地車の周りには多くの観光客が詰め寄せ、やりまわしの度に大きな歓声が上がり、担い手たちの笑みがこぼれる。そのような光景を目の前にして、筆者はまず「彼らと同じ」ように祭りを楽しんでみることにした。

　ただ、祭りを楽しむといっても、これは意外に難しい。祭りを楽しむためには、目の前で繰り広げられているさまざまな出来事を理解する必要があるし、その出来事の良し悪しを判断するための指標が必要になってくる。例えば、近年の岸和田だんじり祭では速いやりまわしが良いとされ、その点では数百人規模にもおよぶ多くの担い手を集める町が有利な状況にある。しかし、多くの担い手を抱えるには、多様な人びとを集団として1つにまとめ、その集団をコントロールするためのさまざまなルールが必要になるだろう。

　祭りに関わるルールは、明文化されている／いないにかかわらず祭りのさまざまな場面に影響を与え、その場をかたちづくるために役立っている。そうしたルールのなかでも最も「見えやすい」ものの1つは、祭りを支える組織であろう。祭りに関わる役割分担や調整・交渉、そして祭りに関わるルー

ルそのものをつくるためにも組織の論理が重要な位置を占める。そして、担い手たちが祭りを楽しむことは、祭りに関わるさまざまなルールを体得し、遵守することを前提として、そのルールを大きく逸脱しない範囲でいかに行為するかという「祭りの作法」と大きく関わっている。

2. 調査における〈失敗〉

「空気」を読むのは難しい

　だんじり祭の調査を始める契機となったある祭り関係者との出会いは、2006年の祭り当日に祭りの全体を統括する「年番」の詰所に文字通り、突撃インタビューをしたことに遡る。祭りについて右も左もわからない筆者は、経験豊富な担い手たちが集まり、たくさんの情報が集積されているだろうという予測のもとに年番の門を叩いた。そのときに対応してくれた祭り関係者たちは祭りの歴史や祭りを支える組織の構造、いま抱えている祭りの課題などについて、こちらの投げかける質問に丁寧に答えてくれたが、後日、そのときのやりとりが「素性のわからない面倒な客をあしらう」ような対応であったことを知らされた。例えばだんじり祭の場合、担い手に「どの町が一番ですか？」と質問することはあまり意味をなさない。多くの場合、この質問に対しては「どこが一番ということはない（一番は決められない、「どの町も一番」だ）」と返答される。もちろん、実際には優れた地車の曳行を行なう町があるし、そうした町は評価が高く、観光客にも人気がある。しかし、特に筆者が訪れた年番という場所は祭りに参加するそれぞれの町の代表者が集まって組織されるところであるために、どこか特定の町に対して特別な評価を下すことは極力避けられるような「空気」がある。つまり、この場合はこちら側の質問が不適切だったのであり、的外れな質問に対して相手方がさまざまな物事に配慮した結果、「（少なくとも「よそ者」の的外れな質問に対しては）順位付けすることがナンセンスだ」という返答が行なわれたといえる。

　さらに、インタビューの内容以前に、祭り当日に祭礼組織のなかで最も権

威のある年番の詰所を唐突に訪れるという行為は、タテ社会的に構成される彼らの社会においては非常識なものであり、事情もわからぬ「よそ者」が「空気」を読まずにノコノコと現れたということを表している。ようするに、筆者は祭りの作法を守らない招かれざる客として当たり障りのない対応をされるという〈失敗〉を犯していたのである。

その後、筆者は詰所で出会った祭り関係者の1人に誘われて、ある町の地車曳行に関わることになった。〈失敗〉したにもかかわらず祭りに誘ってもらえた理由は、近年のだんじり祭が慢性的な担い手不足の問題を抱えていて、少しでも多くの担い手を確保したいという祭りの「台所事情」と上手くマッチしたからだろう。もちろん、筆者が祭りに「使えない」人間だったとすれば、現在まで続くその町との関係はなかったのかもしれない。ただ幸いにも、いまだに現役で参加できていることは、筆者個人の資質だけでなく祭り全体に関わる事情が大きく影響しているのだと思う。

祭りの担い手になる

〈失敗〉からはじまっただんじり祭との出会いであったが、その後の調査についてはどうだろう。詰所で知り合ったある祭り関係者は、祭りの要職を担う「偉い人」であり、その人の紹介で筆者は祭りの調査をすることが可能になった。ただ、紹介者となった人物とは祭りのさまざまな場面で直接会うことがほとんどなかった。紹介されたものの、手取り足取り祭りについてレクチャーしてもらえるわけでなく、「そこへいってなにをするか」は筆者の裁量にかかっていた。その理由の1つは、紹介者と筆者の年齢が離れていたという点にある。だんじり祭の組織では、地車の曳行に関するさまざまな役割が、およそ10歳きざみの年齢ごとに区分される団体（若頭、組、青年団など）と対応関係にある。いわば、役割分業が年齢階梯的に構成されているのである。そのため、当時20歳代の終わりを迎えようとしていた筆者は、同一の町に所属しているものの年長の紹介者とは異なる団体に所属することになったのである。つまり、筆者自身が祭りの担い手の1人となることで、筆者と紹介者の関係はそれまでのインタビューをする人／される人という関係

から祭りにおける年長者と年少者という関係に書き換えられた。そして、それぞれの団体の一員として祭りのさまざまな準備作業に関わった結果、実際に紹介者と顔を合わせる頻度は少なくなり、ましてや話をする機会はほとんどなくなってしまったのである。紹介者からいろいろと教えてもらおうと考えていた筆者はその意味で「アテが外れた」のだが、結果として祭りの組織がどのような構造であるのか、そして20歳代後半男性の筆者がその組織のなかでどう扱われるのか、そこで何をしなければならないのかということをまさに身をもって知ることになった。

　さて、祭りに参加することになった筆者は、まず所属団体内のメンバーに自己紹介をすることになった。そこでは必ず「筆者が何歳であるか」という質問が投げかけられた。この質問の意図を当時の筆者は十分に理解していなかったが、それは、年齢がタテ社会的に構成される祭りの組織においてとても重要な情報であり、たとえ1歳差であろうともそこには明確な上下関係があり「年功序列を守らなければならない」という規範に基づいた質問であったのだ。こうした規範は、筆者と紹介者の関係に変化が生じたように、ある担い手が誰と親密になり、誰と疎遠になるかということと密接に関連している。組織に所属するということは、「よそ者」として誰に対してもアクセス可能で自由な状態を離れ、組織の成員としての規範に基づいた行為を自らに課すことを要請する。

　実際に、祭りの準備をする際に最も協力しあい、親密な関係を築くことになるのは筆者と同年齢のメンバーであった。祭り期間中の詰所内で陣取る位置に関しても、上座には年長の役職付きのメンバーが座るが、年少のメンバーは末席に座り、飲み物の補給や宴会後の後片付けなどの雑務を積極的に行なうことが求められる。こうしたルールは、かなり具体的に「誰が誰に対してどうふるまうべきか」「どの年齢の者がどのような役割を担うべきか」が決まっていて、実際にその時々の場面でいかにふるまうかについては同じ年齢のメンバーに教えてもらいながら、筆者も見よう見まねで習得していった。

第Ⅱ部　やってみる

評価を受けるという好機

　だんじり祭の担い手の1人となった筆者は、同じ年齢のメンバーに祭りの作法を教わりながら祭りの準備に関わっていたが、素人であるゆえに慣れない祭りの社会で〈失敗〉することが多かった。例えば、宴会の席で飲み物を配る順番や年長者に挨拶に行く順番を守る、集合時間よりも少し早めに集まって机や椅子の準備をする必要があるなど、年少者が期待される役割は多く、そのすべてを完璧にこなすことは不可能だった。

　祭りの組織のなかでいかにふるまうべきかという規範は、それを破った場合に年長者から叱責されることに繋がる。特に地車の操作に関することはミスが許されず、〈失敗〉した者に対してすぐさま怒号が飛ぶ。祭りの規範や秩序維持に従わない者については厳しい制裁が待っているのである。しかし、調査という目的を持つ以上、「いまどき年齢に応じた上下関係はナンセンスだ」「厳しい制裁になんら合理的な根拠はない」と主張したところであまり意味はない。相手の立場からすれば、ひとつひとつの行為を調査先の社会のルールにあわせて行なうことを求めているのであり、調査という事情は単にこちら側の都合でしかない。

　ただ、考えに考えを重ね、良かれと思ったうえでの行為だとしても、評価されずに〈失敗〉し、叱られることはある。だれでも叱られるということは辛い経験だろう。しかし、こと「やってみる」調査に関しては、叱られる、あるいは褒められるということは、相手の規範や価値観が透けて見える好機であり、それこそが調査で知りたいと思っている問いと深く関連している場合が多いように思う。筆者は、これまでの調査においてさまざまな評価を受けてきたが、それぞれの場面は筆者が祭りの社会において適切にふるまうことができているのか否かを判断できる貴重な機会だったといえる。特に〈失敗〉に関して叱責されることは、祭りの社会のタブーに直接的あるいは間接的に触れる貴重な経験であり、さらには反省の名のもとに〈失敗〉の理由を掘り下げて聞くことができる絶好の状況だと捉えることもできる。

3. なにができるのか、なにができないのか

〈失敗〉は終わらない

　このように、「やってみる」タイプの社会調査はさまざまな〈失敗〉を積み重ねていくプロセスともいえる。筆者は、今でも祭りの準備の手順を間違えるといった〈失敗〉を繰り返しているが、過去と比べればその数は格段に減っている（と思う）。これは、筆者がある程度だんじり祭の規範を習得したということであり、祭りの社会関係においてなにをすればいいのか、なにをしてはいけないのか、ということを理解したということでもある。もちろん、これがとんだ見当違いだという可能性は否定できないが、少なくともその場に参加することが許される程度にはだんじり祭の規範に馴染んだのであろう。

　だが、組織や集団のなかで期待される役割はつねに同じとは限らない。特に、だんじり祭のようなタテ社会的な組織では、毎年のように年下の新人が参入してくるため、いつまでも素人気分のままでは許されない。キャリアを積むにつれ、期待される役割は徐々に後進の指導といったものに比重が置かれるようになるのである。その意味で、期待される役割というものは「やってみる」ことを継続するかぎり変化し続けるのであり、それにともなって〈失敗〉は無限に積み重なっていくといえる。つまり「やってみる」タイプの社会調査は、はじめからおわりまで〈失敗〉の連続の上に成り立っているのである。

　「やってみる」こととは、対象となる社会関係に埋め込まれる経験であり、必然的に対象と継続して相互作用を行なうことを意味する。レイヴとウェンガーが指摘するように、参加あるいは参与（participation）とは、「つねに世界の意味についての状況に埋め込まれた交渉、さらには再交渉に基づく。これはすなわち、理解と経験は絶えざる相互作用のうちにあるということであり――実際、相互構成的なのである」（Lave and Wenger 1991＝1993：28）。そのうえで、特に「やってみる」タイプの社会調査における〈失敗〉の経験

は、経験した者にその社会における規範や秩序維持の方法を教えてくれる手がかりとなる。その手がかりを活かし、調査先の社会においてどうふるまえばよいのか、あるいはなにをしてはいけないのかを明確にしていくプロセスこそが、調査そのものであり、対象への理解を深めるのである。

「やってみる」タイプの社会調査における可能性と限界

　一方で、調査対象の規範を習得することは、調査し研究する者としてなにができるのか、そしてなにができないのかという問いを深化させることとも密接に関連する。例えば筆者は、だんじり祭という「男の世界」におけるタテ社会的な規範を習得し、担い手の1人となったことで、年長者や女性に対してアプローチすることが、以前に比べて困難になった。だんじり祭に関わる女性は基本的に地車曳行に関する重要な役割を担うことはなく、炊き出しなどの周辺的な参加しか許されていない。祭りの担い手として地車曳行という中心的な役割を担う筆者は、先述した紹介者とあまり顔を合わさなくなったことと同様に、周辺的な参加者である女性と関わる機会が極端に減ってしまったのである。つまり、祭りの社会において担い手としてふるまうことがなによりも優先されることになり、祭りの社会における役割に付随する行為規範を逸脱することは抑制され、「空気」を読まずにふるまうことが困難な状況に陥ったのである。これを調査者としての〈失敗〉と考えることもできるかもしれないが、むしろ調査者としての困難の認識は、筆者の経験した調査での出来事を（再）解釈する可能性を与えてくれるものであった。

　例えば、筆者が調査をするきっかけとなった年番の詰所への突撃インタビューをいま再び「空気」を読まずにすることには困難を伴う。もし、これを実行するとなると筆者が担い手として所属する町のタテ社会的な人間関係における「管理不行き届き」が問題となり、祭りの挙行になんらかの不都合を及ぼすかもしれない。また、筆者が所属する町とライバル関係にあるような他の町を頻繁に訪れ、そこでインタビューを繰り返すことも難しいかもしれない。おそらくその場では、筆者は大学に所属する研究者であると同時に、特定の町に所属する担い手の1人として自らの立場を相手に伝えることにな

るだろう。ただ、こうした立場の二重性は、筆者の都合でしかなく「他所の町の人間がこちらの事情を探りに来た」といった疑念を抱かせることを完全に回避できる方策は、実質的にない。結局のところ筆者は、継続的に「やってみる」という調査を続け、だんじり祭への理解を深めれば深めるほど、調査者としての当初の目的や関心が祭りにおける規範と大きく隔たっていることを自覚させられ、その距離感とどう付き合えばよいのかを模索せざるをえなくなったのである。

　祭りの担い手であるとともに調査者でもあり、複数の立場性のなかで自らの置かれた立場を自省せざるをえない状況、すなわち同時に複数の役割を抱えることで葛藤せざるをえない状況のことを社会学では「役割葛藤」と呼ぶが、「やってみる」タイプの社会調査は根本的にこの「役割葛藤」を内包した手法だといえる。だとすれば「やってみる」ことは、けっして万能の調査手法でもなければ、最良の調査手法でもない。ただ、調査し研究するという営為において必要となる「問いを磨く」という作業を調査対象との「状況に埋め込まれた交渉、さらには再交渉」（Lave and Wenger 1991＝1993：28）のなかで進めていく手法なのである。筆者が経験してきた数々の〈失敗〉は、だんじり祭という調査対象に対する理解を深めると同時に、自らが調査者としてなにを明らかにすることができ、なにを明らかにはできないのかという境界を明確にする作業の補助線ともなった。調査を続けるなかで、調査者として、そして祭りの担い手の１人として「明らかにしたいこと」と「明らかにできること」の接点がどこにあるのかを考えていくことこそが、自らの立ち位置となるのである。

4.〈失敗〉にまなぶ、〈失敗〉をまなぶ

　では、「やってみる」という手法には、いったいどんなメリットがあるのだろうか。少なくとも筆者が考える「やってみる」ことのメリットは、ここまでに述べてきたような〈失敗〉を繰り返し経験できるという点にある。「やってみる」ことで生じる断続的な〈失敗〉は、それぞれの〈失敗〉にお

いて調査者の自らの立場を反省的に捉えなおすことを求める。そこでわたしたちは、〈失敗〉にまなびながら、また〈失敗〉それ自体をまなぶことによって、調査先の社会の一員として、そして調査研究する者としての指針をつねに修正し、調整していくのである。

そして、継続的な参加・参与を特徴とするこの手法は、〈失敗〉という経験をある程度「挽回」できるチャンスを与えられているということでもある。継続的に「やってみる」こととは、当初の問いが的外れであっても、調査地において「空気」を読めなくても、それらの〈失敗〉がどうして起こったのかを考え、時にはやりなおし、時にはその〈失敗〉自体を根源的に捉えなおす可能性に向けて開かれている学習のプロセスなのである。

ここまでの話で「「やってみる」タイプの社会調査は難しい」あるいは「めんどくさい」と感じた人もいるかもしれない。しかし、「やってみる」ことはなにも特別な手法というわけではない。むしろ、多くの人が「知っている」手法だといえる。人が成長する過程で経験する、進学、就職、恋愛、結婚などのライフイベントにおいて、わたしたちは新たな社会関係に身を投じるという経験をしている。いわゆる人生のターニングポイントのような状況で、人は新しい社会の価値観や規範を学習し、内面化する。そしてまた、別のターニングポイントで異なる世界に参入し、同様のことを繰り返すのだ。「やってみる」タイプの社会調査とは、多くの人が経験する新しい社会へ身を投じるという経験を、ただ〈成功〉へとひた走るのではなく、〈失敗〉そのものが調査先の社会関係においてどのような意味を持つのかという問いかけを、ほんの少し自覚的に行なうものなのである。

社会調査を行なう者は、実験室で試験管とにらみあうような研究とは違い、自らの立場も考察の対象に含むことになる。特に自らが積極的に関わることによって成立する「やってみる」という手法は、調査先の社会において「やってみる」ことが許されているという事実そのものが調査先の社会の論理と大きく関連している。つまり、調査先の社会で「やってみる」ことが可能になっている自らの立場も含めて考えることが調査対象を考えることになるのだ。「人間集団の機能や方法を理解するためには、研究者はまたその集団内

部の人間として、そこの人間たちがどのように自分の集団を、そして別の集団を経験するかを知ることが不可欠である。そしてそれはその集団への積極的な関与と参加なしには知りえないのである」(Elias 1983＝1991：25、訳語の一部を変更)。

注
1) これは「やってみる」タイプの社会調査に限らず社会調査一般にあてはまることではあるが、本章では「やってみる」タイプの社会調査に限定して話を進める。

【参考文献】
Elias, Norbert, 1983, *Engagement und Distanzierung : Arbeiten zur Wissenssoziologie 1*, Frankfurt am Main : Suhrkamp. (＝1991、波田節夫・道籏泰三訳『参加と距離化――知識社会学論考』法政大学出版局)
Lave, Jean and Etienne Wenger, 1991, *Situated Learning : Legitimate Peripheral Participation*, Cambridge : Cambridge University Press. (＝1993、佐伯胖訳『状況に埋め込まれた学習――正統的周辺参加』産業図書)

【Further Readings】
W・F・ホワイト『ストリート・コーナー・ソサエティ』奥田道大・有里典三訳、有斐閣、2000年。
　W・F・ホワイトによるシカゴ学派の古典的エスノグラフィー。イタリア系アメリカ人のスラム地区のコミュニティにおける長期の参与観察の成果をまとめた労作。本書で示される著者のフィールドにおける苦労や葛藤は、おそらく参与観察をする者の多くが直面する問題であり、本書が刊行されてから半世紀以上が経った現在でも大いに参考になる。

森達也『放送禁止歌』知恵の森文庫、光文社、2003年。
　テレビ・ディレクターの森達也が、自身のドキュメンタリー番組「放送禁止歌」の製作過程をつづったルポルタージュ作品。テレビで放送されることのない「放送禁止歌」は、なぜ、誰によって、どのように禁止されているのかという問いを彼自身の立場性を含めて丹念に掘り下げていく。その過程は、調査者がフィールドを／で考える過程と大きく重なり、単なるルポルタージュの域を超えた社会調査的にも価値のある良書。

第Ⅱ部　やってみる

8　暴走族のパシリになる
「分厚い記述」から「隙のある調査者による記述」へ

打越正行

これから紹介する調査をもとにして書かれた論文

打越正行「沖縄の暴走族の文化継承過程と〈地元〉——パシリとしての参与観察から」『社会学論考』32号、2011年、55-81頁。

　論文では、沖縄のある暴走族でパシリとして活動しながら、少年らが一人前になっていく過程について、2つのことを述べた。1つ、暴走族の組織の規模や世代構成、資源の有無や形態によって、その就労先はバイク屋、建築業、違法就労へと分化すること。無秩序にみえる暴走族で就労先が確保されている点は興味深い。2つ、新参者の中学生を一人前に育て上げるために、かつては緩やかな間引きのようなものがあったが、今では後輩のパシリが使い捨てられている。間引きが暴走族に入って初期の段階であるのに対して、使い捨ては安定したかにみえる先輩－後輩関係で行なわれる。ここからは暴走族におけるもう1つの秩序維持の現代的困難さをみた。

筆者「すいません、暴走族に興味があってメンバーにして欲しいんですけど……。」

少年A「だめ！」

（その他のメンバーは笑う。）

筆者「（少年Aに対し、）なんで、だめなんですか？」

少年A「どうしてもだめ！」

筆者「はー、そうですか。（集会には）できるだけ参加しますし、決まりも守りますけどだめですか？」

（沈黙）

少年B「おもろいじゃん。」

少年C「ええじゃん、やらせてみようや。」

（沈黙）
筆者「だめですか？」
少年A「だめに決まっとるじゃろうが、年（が違うけん）よのー。ええかげんにせーよ、われ！」
筆者「すいません。」

(広島市の公園にて、2002年6月22日)

1. 暴走族少年たちとの出会い

　私は2002年の広島市で、暴走族少年らに声をかけ調査を始めようとした。最初に声をかけた暴走族には残念ながら加入を断られた。仕方がないので、違う暴走族にも、調査を目的として、加入させてほしいとお願いした。すると、そのチームのリーダーがまず話をしてから判断するということになり、近くのファミリーレストランに移動することになった。15、6歳のいでたちの彼らは、私に原付バイクの移動を頼んできた。周囲には私服警官がたくさんいたので、運転免許証を持つ私が移動したほうがなにかと面倒なことが起こらないからだと説明された。私は素直に納得して、渡された鍵でバイクのロックを解除した。その瞬間、私は私服警官に脇を固められた。「お兄さん、このバイクどなたのもの？」。バイクは盗難車だった。その後、警察署に移動し取調室で怒鳴り散らされたあげく、始末書をかかされた。ミイラ取りがミイラになった。これが私と暴走族少年らとの最初の出会いである。

　私の初めての調査は、このように失敗した。今となっては、鍵を渡された時点で窃盗バイクの可能性を読み取れないのは、とても恥ずかしい。そしてこの出来事は当時の広島市の暴走族の間に一気に知れ渡った。これをきっかけに、その後はどの暴走族に取材のお願いをしても、私は「捕まった人」と認知され関係性を築くきっかけとなった。また「なにも知らない人」とのレッテルを張られることで、ことあるごとにいろいろと教えてもらうこととなった。

　私はこれまでに広島市と沖縄で、暴走族・ヤンキーの若者を対象に調査を

行なってきた。まず調査を始めるにあたり先行研究をあたると、佐藤郁哉の『暴走族のエスノグラフィー』があった（佐藤 1984）。佐藤は 1983 年、京都のある暴走族をカメラマンとして「取材」している。2007 年の沖縄・ゴーパチ（国道 58 号線）で、私も佐藤と同じカメラマンとして暴走族少年らとともに活動しようと試みた。しかし私はいつの間にか、暴走族のパシリになっていた。当時 28 歳だった私は、10 代の少年に指示されておにぎりや飲み物を買い出しにむかっていた。このほかにもバイク改造の際の手伝いやバイク倉庫の清掃を担当した。その結果、徐々にパシリとしての評価をえていった。2015 年現在、少しは認められるようになったが、私の活動内容はいぜんとしてパシリのまま変っていない。

　パシリとは、年齢による上下関係にもとづき、先輩の付き人のように身の回りの世話をする後輩の役割である。ただし私の場合は、暴走族での活動が短いため、いつまでたっても年下という設定である。暴走族ではタバコや飲み物の買い出し、バイクのメンテナンスなどをパシリが担当する。いうまでもなく、頼まれたことを忠実に遂行することはパシリとして重要である。ただし、忠実に指示をこなすだけでは完成度の高いパシリとはいえない。あくまでもパシリは先輩より下位に位置づけられた立場である。ゆえに忠実でありながらも時々は先輩に叱責されたり、バカにされることを通じて、「俺が教えてやらないと、何も知らない（できない）奴だ」とみなされ、指導を受けるくらいのパシリが長い目でみると先輩との関係を良好に保つことができていた。失敗することで、後輩－先輩関係を確認したり、先輩のどんどん拡大する無理難題を抑制することが結果として可能となっているためではなかろうか。

　パシリになることには調査を進めるにあたっての利点がある。1つ、それは暴走族の社会を新しいメンバーと同じ時間の流れに沿って知ることのできる機会である。パシリに「なる[1]」には一定の時間を必要とする。調査者が知りたい対象者や社会について、調査者のペースで調べるのではなく、対象社会に生きる人々の視点を彼らが時間をかけて獲得するようにアプローチすることが可能となる。暴走族に入りたての中学生が当初はこれといった印象

もなく、なにも実質的に貢献できなかったとしても、そこに通うことによって組織内での地位が上昇し、いつのまにか先輩として後輩を厳しく指導するようになる。この成長過程のように、彼らが経験する時間の経過に沿って、私も地位を獲得しながら調査を重ねてきた。

2つ、パシリは調査過程における失敗をカバーすることが可能なポジションである。すべての失敗をカバーできるわけではないが、上述したようにパシリとは失敗することで先輩から叱責され、地位が安定する役割である。それゆえに調査対象社会の「常識」を備えていなくとも、パシリとして失敗を重ねながら先輩と良好な関係を築くことが可能となる。

このようにパシリになることは、未熟な後輩や部外者の調査者が時間をかけて失敗を繰り返すことを通じて自ら成長し調査対象社会の一員となることといえる。沖縄での調査を始めて7年になるが、幸運にも失敗をもとに調査地で出入り禁止になったり、対象者から関係を終わらされたことは、いまだない。むしろ、失敗を繰り返すことで、関係性が深まっていくケースが多かった。私は「人あたり」がいいとはいえず、「インタビュースキル」を持ち合わせておらず、世間知らずとよく言われる[2]。私は調査開始時に実益をともなわない存在であるばかりか、その後も失敗を繰り返してしまった。そのような私が、なぜパシリを続けることができたのか。以下では暴走族のパシリとなる過程とそこでの失敗を具体的に紹介していく。それは調査開始時にはなにもできなかった私が、パシリとして、そして調査者として成長していく物語である。

2. 沖組[3]トランプ大会

私は2008年2月から3月にかけて、暴走族少年やその先輩たちの多くが働く地元の建築会社で調査を目的として働いた[4]。現場仕事の経験がまったくなかった私にとって、とても長く感じる1ヵ月であった。体力がもたずに休みがちだったものの、最後までよく頑張ったということで、最終日に従業員一同による私の送別会が催された。送別会では賭けボーリングと賭けトラ

ンプを参加者全員で楽しんだ[5]。以下は、そのときのフィールドノートの一部である。

> この日は夜のボーリング大会のため、たっぷり睡眠をとった。夜7時から沖組従業員による私の送別会が予定されている。事務所に着いてまず給料をもらった。日給6500円の13日出勤で、合計8万4500円が私の給料だった。会場をボーリング場に移し、みんなで泡盛を飲みながらボーリング大会は始まった。2時間ほど投げたものの、結局ボーリングでは1勝もできずに約1万5000円も負けてしまった。ボーリング場の出口で、飲みに行くか「ソロ」というトランプゲームをするかをみんなで相談し従業員の家で「ソロ」をすることとなった。先ほどの負けた分を取り戻す気持ちでいっぱいだった。ルールを一通り教わり、ゲームに参加した。数百円で何度か負けた後に、大当たりをあてて一気に1万円ほど取り戻した。これでボーリング代の負けをほぼ回収できた。これがまずかった。その後、お金は出ていくばかりで、最終的に給料袋にまで手を出してしまった。手が震えていた。自分でコントロールできなくなってくると、(沖組の中堅従業員の) 光司さんに「むきになるな。最初はみんなむきになるばーよ。ここで辞めとけ」と言われた。だんだん気持ちが廃れてきて、全部どうでもよくなる感じがしてきた。破壊的な大敗だった。今晩は私以外のほとんどが笑って帰っていった。
> 　　　　　　　　　　　　　　（2008年3月8日のフィールドノートより）

　朝、宿舎に着いたときに財布の中身を確認すると1万5000円ほどしか残っていなかった。もらった給料から差し引くと一晩で6万円ほどが消えたようだ。すさまじい送別会だった。

　当日の記憶をたどってみると、トランプを始めるにあたり手加減したり、調査の一環などと考えて参加すれば、その場を理解することはできないと考えたため真剣勝負で挑んだ。皮算用になったが、もし私だけが一人勝ちするようなことになれば、飲食代や送迎代の形で返金することを想定していた。

最終的には、地元でギャンブル負け知らずの光司さんに、「ここで辞めとけ」と言われ参加をとめられた。これまでトランプに後輩を強引に誘う場面には数多く遭遇したが、辞めるように言い渡されたのは、私が初めてだった。かすかに今晩のゲームをなかったことにしてくれるのではないかとも考えたが、帰りのタクシー代を出してくれて別れることになった。別れ際に光司さんに「打越、またやろうな。ジン（お金）貯めとけよ」と言われ、私は苦笑いで返すことしかできなかった。

　私のようなギャンブル初心者は、むきになって大敗することを光司さんは実地で教えてくれた。あれほど建築現場で汗水流して稼いだ給料は一晩でほとんどなくなった。給料が減っていくとき、1日分の給料が数分たらずの1回のゲームで消えていくことへの恐れは十分にあった。ただしゲームのときはむしろ、数分で1日分の給料を取り返してやるとの思いで挑んでいた。このときに感じた「次こそは大当たりだ」との感覚は幻想だったのだろうか。この幻想は光司さんによると、初心者がみるものであるという。光司さんの言う「初心者」とは地元社会の新参者であり、多くの場合、具体的には誰かの生計のもとにあり今から建築現場に入ろうとする10代の若者である。つまり自分の生活のためのお金でゲームに参加してない者たちである。その後、若手の従業員の多くは世帯をもち、その生計のために働くようになる。するとその生活費を差し引いた給料でギャンブルをするようになる。ただし、実際にこのように自制をかけることは難しい。なぜならギャンブル中には金銭の貸し借りが頻繁に行なわれる。ゆえに持ち金がつきたことでゲームへの参加を断るとは限らない。いつでも地元の先輩が1万円から1ヵ月1割の利率で貸してくれる。持ち金の有無ではなく、自らの建築作業員として継続的に稼ぐ力と、今後の世帯の生活とを天秤にかけながら、その夜に行なわれるギャンブルを続けるか、それとも打ち止めかを決断する。このような過程を経て、初心者は徐々に生活を意識し、大敗しない賭け方を身に付けていく[6]。

3. 失敗からわかったこと

　光司さんはむきになる私を無一文になる寸前で止めてくれた。これは光司さんなりの「やさしさ」であり、また今後もゲームの参加要員（＝カモ）として考えているためかもしれない。少なくとも、トランプゲームが先輩による後輩への制限なき略奪ではないことは確認できる。たしかにそれは、先輩が後輩から巻き上げる目的で企画されるが、先輩は後輩が無一文になる寸前で止めなければならない、制限つきの関係でもある。そして長い目でみれば後輩が先輩となることで、今度は巻き上げる側にまわることになる。
　再度、地元社会におけるギャンブルの機能について整理しておく。
　1つ、短期的にみるとギャンブルは先輩による後輩への略奪システムである。後輩は負け続けることで地元の先輩からお金を借りたり、地元の建築業で働くように仕向けられる。また、仮に勝っても次から先輩の誘いを断れなくなる。どちらにせよ、先輩の財布はうるおい、後輩は先輩から逃れられなくなっていく。
　2つ、ギャンブルは後輩の金銭感覚を生活に根付いたものにする教育システムである。教育システムといってもそれは意図的な働きかけではなく、継続的に略奪するために繋ぎ止めた結果として後輩が習得する形の教育システムである。上述したように持ち金がつきることで習得するだけでなく、借りることのできる状況でも自制し習得する金銭感覚であることが重要である。根こそぎとるのではなく、継続的に略奪することの意図せざる結果として育つことが可能となっている。
　3つ、ギャンブルは、光司さんをはじめ地元の先輩にとっては、地元の後輩の近況を把握する情報ツールである。後輩たちは、どう取り繕おうと、ギャンブルの賭け方によって所持金、生活基盤、地元社会の地位などを読み取られる。ギャンブルの賭け方が大雑把になったり、金遣いが荒くなると、暴力団とのつながりや違法就労などが懸念され、身辺調査される。光司さんは、地元の人間関係やその移動を、お金の流れやパターンで把握している。また

金貸しの先輩にとっても後輩がどこで何をしているのかを把握することは重要であり、つねに目を光らせている。

　これらの機能が重要であることは、（競馬などの）公営ギャンブルとの比較で明確となる。まず公営ギャンブルにおける打ち止めは持ち金がはてるまで、もしくは生活が破たんするまでであるのに対し、地元社会の打ち止めはそうではなかった。ここでギャンブルの相手が機械か、人間かの違いがきいている。また機械が相手なら、やめるときを自由に決められるが、人間相手だとそれは難しい。勝っているときにはこの制限は不自由にみえる。ただし私のように大きく負けたときに機械は根こそぎ持っていき、人間だとその直前で歯止めをかける。その目的は後輩から取り続けたり、また借金を回収したりするためであるが、理由はどうあれ後輩を再起不能になるまでつぶさない点は重要である。そしてこの過程で後輩も生活するための金銭感覚を身に付けていく。また公営ギャンブルでは毎日朝から晩まで打ち続けられるが、地元社会のギャンブルは給料日か週末の先輩が招集をかけたときに開催される。この制限によってギャンブル依存症にまでさせない仕掛けも特筆すべき違いである。最後に、公営ギャンブルは参加者の財布の状況に関係なくとる、ゆえに結果として持っていない人間から集中的にとることになっているが、地元社会のギャンブルはそれを把握しながらとる。この無／差別性も公営ギャンブルとの違いで注目すべき点である。

　このように整理すると、地元社会におけるギャンブルの機能は明確となる。それは、先輩が後輩から継続的に略奪し、教育し、把握することで、後輩たちを地元社会の一員として一人前にする仕組みであることが見て取れるだろう。

　そして、こうした地元社会におけるギャンブルの機能は、私がパシリとして暴走族に参加したからこそみえたものだった。それは、私が何かに失敗することを通じて、初めてみえてきたものといえるだろう。

第Ⅱ部　やってみる

4．調査者の失敗

　前節では、私が調査地でおかした失敗がその後、貴重なデータとなったことを紹介した。そこでこの4節では、この失敗をキーワードに、パシリとしてのアプローチで可能になることをあらためて整理したい。
　まずパシリは対象社会で、初心者が社会化される時間の流れに沿って調べることが可能な役割であった。これは単に長く調べたか否かとは異なる基準である。いくら長く調べても、地元の先輩からのギャンブルを観察者として見続けることはできない。隙をもちながらある程度の時間を過ごすことで、私も地元社会の一員として財布の中身を把握されていく。

　　だー（おい）、いくら持ってる？〔（財布の中身のチェックを受けることを予想して事前に減らしてきたので）いやいや、そんなに持ってないですよ〕（財布を渡して、中をみられる）3000円か。これじゃ飲みに行けないさ。（私の）歓迎会もできんさー。〔すいません。あんまりお金ないんですよ〕おまえ、隠してるだろ。〔いやいや、みてのとおり3000円しかないんすよ〕ふん、おまえ、みられてるんだよ。財布のお金、なくなったらいつもATM行くだろ。〔そりゃそうでしょ。皆さんも行くでしょ〕（ほとんどの従業員は自分の口座にお金が）入ってもないのになんで行く？　だから前借りするのに。
　　　　　　　　　　（裕太さん、2013年2月22日、建築現場の昼休みの現場号車内）

　多くの従業員は、給与を前借りして生計を立てている。仕事のあとに、現場号で事務所に向かうために、先輩に隠せない。そして私もATMに行くところをみられていた。数回は断れても、断り続けることは難しい。パシリとして成長する時間をともに過ごすということで、地元社会に巻き込まれることから逃れられなくなる。そしてその巻き込まれによって、ギャンブルが互酬性システムや教育システム、情報ツールであることがみえたのである。こ

のように、パシリとしての調査で有効となる時間とは、時計で測れる時間の長さによるものではなく、それぞれの人間によって濃淡やスピードの異なる経験する時間をともに過ごすことによってみえてくる世界である。

　続いて、パシリは失敗を積極的に意味づけることのできる役職であることが調査にとって有効だと述べた。補足すると、この失敗は調査対象者ではなく、調査者による失敗であることが重要である。例えば、ある後輩の失敗を先輩が叱責し、その場にいた私がそれをもとに調査対象社会のことを知ることは可能である。ただしこの失敗は、あくまでも後輩の失敗である。ゆえに私は書きづらいし、書くことで関係性が悪化する可能性もある。そうではなく、調査対象社会で否定的評価を受ける失敗を調査者がおかすことに意義がある。後輩の失敗に遭遇した調査者は次から、「先輩よりは下だが、この後輩よりは上」の立場に地位を固められる。これでは「できない／知らない立場としてパシリになる」ことの強みは半減する。他方で調査者の失敗は「後輩より下位」に調査者の地位を固めていく。この場合は、「できない／知らないパシリ」の特性にマッチした調査が可能となる。こうして、ギャンブルについて書くことができ、また継続して経過を追うことが可能となる。

　このように、ギャンブルの機能を知りえるためには、調査地の流れに沿った時間と、そこでの調査者の失敗が欠かせない。観察者としての時間がいくら長くても、財布を把握されずにギャンブルに誘われないまま観察を続けていたら、略奪システムが互酬性を兼ね備えていること、そして先輩らは後輩の財布をすべてお見通しであることには気づかなかったであろうし、それが意図せざる結果として教育的機能を果たしている点も見落としていた可能性が高い。また自らが失敗することで、それを記述することも容易となった。パシリとして対象社会に巻き込まれることが、こうした調査を可能にしたといえるだろう。

5. おわりに

　冒頭の窃盗バイクの出来事は、今から7年前のことである。私の調査のす

すめ方は今もそれほど変わっていない。最初は気付かなかったが、7年間も同じことをしているので自身の行動のパターンがみえてくる。初っ端から失敗して、「なにやってんだ」と思われて、それにより緊張感がとけて、私は冷や汗をかいて、信頼関係を築くというパターンのようだ。このように私は話を黙って聞くスタイルではなく、より積極的に地元の暴走族にとって有益なメンバーの1人となることを目指した。そして失敗した。

　参与観察における調査者は、調査対象社会や、そこの人びとのやりとりに介入することに対して慎重であった。もちろん、過度に配慮に欠ける介入は問題であるが、無知な調査者が調査対象社会を調べること自体が、介入を回避できないし、調和を乱さずに調査を進めることは生身の人間を対象とする社会調査では（それはアンケート調査であっても）原理的に不可能である。そうであるならば、対象社会に入り込んで自分がどのようにふるまうことが適切なのかを、試行錯誤しながら反省的に検証し、そのための行動様式を身に付けるべきだろう。そして、それには失敗が有効に機能することがある。

　通常、調査対象者はなんらかの実益があったり、少なくとも実害がない場合に語りだすと考えられている。もしくは調査者が対象社会で実質的に役に立つからこそ活動への参加を認められる。しかし私が行なってきたパシリとしての調査は、のちに少しずつ重要な役回りを与えられるものの、調査開始時点ではなにもできない部外者である。正確には失敗を繰り返す点では邪魔者である。そうであるにもかかわらず、なぜ調査が可能となったのか。

　それは、ここまでの議論からわかるように、私が未熟で隙があったからだ。その結果、対象社会に巻き込まれ、時間をかけて調べ、失敗することを可能とするパシリになれた。それは対象者からすると私が話したことを丁寧に聞き、教えたことを身に付けて育つこと、つまり対象社会の一員として巻き込める見込みを確認するためではないだろうか。このようにパシリになることは、調査対象社会において、聞いてはいけないこと、やってはいけないことはもちろん、自分の立場・地位、調査対象者との関係性の変化／見通し、組織の力関係、組織内でうけるネタ／タブー、時間感覚／金銭感覚、身体技法などを、新参者が成長していく時間に沿って、失敗しながら知る方法である。

知らない人や社会のことを知るために、調査者が「やってみる」ことは有効な方法の1つである。ただ何でもやってみればいいわけではない。誘われても無理なこともあるし、なにを知りたいのかが不明確なままに、やみくもにやることは失礼であるし、そもそも迷惑である（安渓・宮本 2008）。私も一部の触法行為は誘われても断るし、そもそも誘われない。これは新参者には基本的に触法行為をさせることはないためである。させるとしたら、「トカゲのしっぽ」としてであり、それは、ギャンブルなどを通じて新参者を継続的に巻き込んでいく実践でもないし、またパシリになるために継続的に関わっていくという方針とも相反する。

　繰り返しになるが、パシリになることは、暴走族に長く深く関わるか否かといった問題とは関係ない。それは調査者が調査対象社会に巻き込まれるか否かの問題である。長さや深さが時間や情報量で測れるものであるなら、巻き込まれるか否かといった基準は、調査者と調査対象者、対象社会との出会い方の問題である。調査対象者もこちらを「トカゲのしっぽ」とみなさず、また調査者もあちらを単に調査「対象」とすることなく、なんら特別ではない固有の歴史を積み重ねた人間と人間が、その差異を確認するためにではなく、ボトムアップ的に知るために出会う。そして両者が出会うには、標準的な作法や一般社会のルール、また時には専門的な予備知識さえも、アプリオリで固定的なものと捉えず、その場で絶えず構築されていることを確認すること、そしてその修正のきっかけとなるものが、調査時に生じる数々の失敗の蓄積である。つまり、調査者の未熟さや隙のようなものがあることが、調査時の失敗から有効な知見を見出す鍵であった。このように整理してみると、当初は暴走族のカメラマンを志望していたものの、パシリになったことは有効な方法であったと、今となっては思えてくる。

　最後に、本章の議論は暴走族の調査に限らず、なんらかのサポート役を担いながら進める調査で使えるものと考える。そしてそこでは、人当たりが悪く、インタビュースキルもなく、常識がないことがむしろ強みになると指摘した。読者には、私がそうであったように、ぜひ街に出て冷や汗をかいてほしい。

ところで、就職活動で悪戦苦闘している学生にも、これまでの話は参考になるかもしれない。人あたりのよさ、インタビュースキル（コミュニケーション力）、一般常識といった、なんらかの能力を欠いていることが、むしろ利点となる場面もあるのだ。それらの能力を習得することとは異なるやり方で、社会に入り込み生き抜く方法として参考にしてもらえれば、これ以上の喜びはない。

【付記】本章執筆にあたっては、〈生活―文脈〉理解研究会での議論に示唆をえた。また本稿は同研究会メンバーによるJSPS科研費25590128の助成を受けたものです。感謝申し上げます。

注
1) ところでパシリになるといっても、広島出身で30歳前後（当時）の大学院生である私が新参者の中学生とまったく同じようになるわけではない。また調査場面における金銭の授受に関しては、割り勘より少し多めの金額を支払い、調査時にはグループ単位でお土産を持参した。彼らはいわゆる金づるにさえならない私を迎え入れてくれた。
2) 「人あたり」の悪さは非常勤先の大学の学生の指摘から、「インタビュースキル」の欠如は共同研究者の上間陽子の指摘から、「世間知らず」は冒頭の失敗から、このように判断した。
3) 本章で登場する人名、会社名などはすべて仮名である。
4) 建築現場の記述は、拙稿（打越 2011a）を参照してほしい。
5) 本調査では賭博行為などの触法行為も一部含まれている。今から6年以上前のことであるが今でもそのときの興奮を覚えている。そのときはもっと彼らのことを知りたいという好奇心、知ることができそうだという見込み、そして私の価値規範などにもとづいて判断して賭博に参加した。
6) 初心者の多くがそのように変化していくものの、一部の先輩は家賃に手を出したり、借金をしてでもゲームに参加する。この違いは、我慢すれば生活をまわせるのか、もしくは我慢しても生活を見通すことができないかにあった。金銭感覚とそれを見通す時間感覚の習得がこの変化にとっては重要である。

【参考文献】
安渓遊地・宮本常一、2008、『調査されるという迷惑――フィールドに出る前に読んでおく本』みずのわ出版。
西村賢太、2011、『苦役列車』新潮社。

佐藤郁哉、1984、『暴走族のエスノグラフィー』新曜社。
打越正行、2011a、「型枠解体屋の民族誌——建築現場における機械的連帯の意義」『社会学批評』別冊：21-44。
———、2011b、「沖縄の暴走族の文化継承過程と〈地元〉——パシリとしての参与観察から」『社会学論考』32：55-81。
———、2013、「沖縄的共同体の外部」龍谷大学人権問題研究委員会編『沖縄における階層格差と人権　中間報告書』15-34。

【Further Readings】
西村賢太『苦役列車』新潮文庫、新潮社、2012 年。
　著者の実体験にもとづいた私小説である。そこで描かれる、下層社会に生きる人の日常は、裏切り、妬み、暴力、孤独、そして自慰かソープで得る快楽の繰り返しである。最下層の生活よりはまだましだという「誇り」、中間層との何気ない会話であらわになる「疎外感」、そして否が応でもにじみ出てくる下層の「身体性」。ただそこに生きる廃れた人間は、苦しみながら、もがいている。主人公の圧倒的な存在感によって、読者の思考を浮遊させず、絶えず具体的に生きる人間の生きざまに繋ぎ止める。社会学の調査もそのようなイカリとしての役割があるように考える。

第Ⅲ部
行ってみる

自分が興味をひかれた場所に「行ってみる」というのは、シンプルで、意外に上手くいく調査法です。これまでにも出入りしていた場所に、あらためて調査モードで行ってみたり、あるいは、自分の知り合いや先生に仲介してもらって、今までに行ったことのない場所に足を踏み入れてみたり。1人ではなく、グループで行ってみるという手もあります。皆さんが真剣に取り組んでいるということが伝われば、意外に多くの場所が、皆さんの調査を受け入れてくれます。

　しかし、皆さんは「行ってみた」先のメンバーではありません。つまり、そこにもともといた人（所属している人）たちからしたら、「赤の他人」なわけです。だからこそ、独特の気まずさを感じることもあるでしょう。「あの人は誰だろう？」という視線を向けられたり、その場で役割がないのでどう振る舞えばよいかがわからずに困ったり、なんていうことは、ありがちです。

　だけど、臆することはありません。皆さんも相手のことを知りたがっている。そして皆さんを受け入れた先の人たちも、自分たちのことを知ってもらいたいと思っている。そのお互いの気持ちを、具体的な調査のなかで噛み合わせることができれば、面白くて実りある調査になるはずです。これから、そのコツを紹介しましょう。

（木下　衆）

9 フィールドノートをとる
記録すること、省略すること

木下衆

これから紹介する調査をもとにして書かれた論文

木下衆「家族会における「認知症」の概念分析——介護家族による「認知症」の構築とトラブル修復」『保健医療社会学論集』22巻2号、2012年、55-65頁。

　「認知症」という概念が私たちの生活に普及することで、いったい何が起きるだろうか？　この論文ではその一例として、家族会（本文参照）でされる「あなたが介護しているのは認知症の患者なのだから（○○したほうがいい）」という特徴的なアドバイスを分析した。例えば、患者が介護者に暴言を吐いたり、介護に抵抗したりしても、それは「認知症のせい」で、「患者は悪くない」とされる。そして介護者は、患者に「理屈は通じないが、感情はわかる」という前提で対応するよう促される。さらに介護者には、「相手を説得したり否定したりしてはいけない」「笑顔を浮かべる」といった具体的な行動が勧められる。こうして認知症患者本人は、悪意や敵意のない無垢な存在として想定されることになる。

---

1. 自分で書いた「ノート」は、「データ」になる

　「せっかく調査に行ったのでメモをとろうと思ったけど、何を書いてよいかわからなくて、何も書けませんでした」「その場の様子に圧倒されて、案内してくれた人の話にただ聞き入ってしまいました」——調査実習などでフィールドワークを体験した人たちからは、しばしばこんな感想を聞く。だけど、調査先でノートをとらないのは、とてももったいない。

　社会調査では、調査者が自分の調査先（フィールド）で書いた、あるいは

調査先について書いたノートを、「フィールドノート」と呼んでいる。そして上で紹介した私の論文は、私が調査している家族会でとったフィールドノートを、主に分析している。

つまり、私たちが自分で書いたノートは、分析の対象となる立派なデータになるのだ。「データ収集」というと、自分以外の誰かが書き残したもの（雑誌記事や公的な文書など）を集めることが思い浮かびがちだが、それだけではない。調査地で起きたことや言葉のやり取りを自分でノートにとる、いわば「自分でデータをつくる」ことも、社会調査の重要な側面だ。つまり、調査先でノートをとらないということは、その貴重なデータづくりの機会を逸してしまうことになるのだ。

それではいったい、どんなことを、どんなふうにノートにとればよいのだろうか？　例えば、その場で見聞きした「すばらしい話」をメモしたらよいのだろうか？　しかし、そういう美談を並べても、良い分析にはならないかも知れない。あるいは、フィールドではわき目もふらずに、必死でノートをとるべきだろうか？　しかし、自分の気がついたことすべてをノートにとるというのは、実質的には不可能だ。

実は私も、どんなことを、どんなふうにノートにとるべきか、ずいぶんと悩んでいた。調査をはじめてから現在に至るまで、悩みっぱなしだといってもよい。だから本章では、私の悩みの歴史と、現段階でのノートのとり方を、皆さんに紹介しよう。大事なのは、一度はとりあえず、何でもかんでも記録してみようとすることだ。ただし、いつまでもそのやり方を続けていては、良い調査にならない。いったんフィールドの特徴をつかめたら、データの捨て方、つまり「何かを記録せずに、上手に省略するやり方」を覚える必要があるのだ。

2. はじめて、フィールドでノートをとる

はじめての「フィールドワーク」へ

ここで、私が調査した家族会について、簡単に説明しておこう。「家族会」

とは一般的に、セルフヘルプ・グループ（悩みを抱えた人たちが集まり、相談し合ったりすることで、お互いに助け合おうとする会）の1つに分類される[1]。依存症や病気などは、それを抱える本人はもちろんだが、家族も様々な悩みを抱えることが多い。そこで、悩みを抱える家族の立場からつくられたグループが、いわゆる「家族会」だ。例えば、薬物依存症で苦しむ人の家族の会や、AD・HD（注意欠陥・多動性障害）の子どもの親の会、などが挙げられる。

　私が調査したのはそのなかでも、「高齢者を介護する家族」が集まる家族会だった。こうした家族会では、メンバーがお互いに介護の悩みを相談するために、月に一度「つどい」と呼ばれる集まりが催されることが多い。私は調査のために、2008年の9月から、この「つどい」に参加することになった。だからこの章で「家族会」といったときは、「高齢者を介護する家族の会」だと、考えてほしい。

　さて、実は私は、このときまで家族会に関わったことはなかった。高齢者介護の問題には、大学時代からずっと関心があった。大学3年生の調査実習では介護に関連した質問紙調査に参加したり、卒業論文は文献の調査を行なったりした。しかし、2008年に大学院に入学してからはしばらく、誰に対して、どこで、どうやって調査をすすめたらいいのか、よくわからずに悩んでいた。そんなときに知人から「介護について研究したいならこの人に会ってみれば」と、ある家族会のX会長を紹介された。X会長は調査の受け入れにも積極的で、自分が関わっている2ヵ所の家族会に、調査目的で参加することを勧めてくれた。

　はじめてフィールドワークができる。そう思って、私はとても喜んだ。

「メモならいいよ」

　こうしてはじめて家族会で調査をしようと思ったとき、まず悩んだのが、「どうやって記録をするか」という点だった。デジタルカメラは持っているし、研究室ではICレコーダやビデオカメラを貸し出してくれる。そういった録音・録画機材を持ち込めば、「調査」としての格好はつくだろうと考え、

計画を練った。

ところが 2008 年の夏、この X 会長に調査依頼をしたときに、「メモなら（記録や発表をしても）いいよ」という返事をされてしまった。「メモならいい」つまり「調査目的でノートをとること、および研究目的での公表」まで同意してもらえたことは、今から考えると、とてもありがたい。しかし言い方を変えれば、「録音や録画はダメだよ」ということだ。当初の計画はいきなり、つまずくことになってしまったのだ。

その場で「自然」な調査方法を選ぶ

しかしこの「メモならいいよ」という返事は、「家族会のつどい」というフィールドの仕組みを考えれば、当然のことだった。2008 年の 9 月、はじめてつどいに参加して気がついたことが 2 点ある。第一に、とにかく皆がよく話すという点。つどいは、2 時間程度の時間しかない。この時間内に、多くの参加者（このときは約 10 人）が、順番に介護の悩みや愚痴を打ち明ける。それに対してアドバイスがあれば、他のメンバーも相手の話の途中で発言や質問をしたりする。第二に、その話題がとても多いという点。例えばある人は、徘徊や妄想といった母の認知症症状について相談する。次に話す人は、夫の認知症の症状の進行具合と、それを理解してくれない行政への苦情を言う。さらに別な人が、父の失禁対応の苦労を語り、「良い施設はないか？」と質問する、といった具合だ。つどい全体で話題が多岐に渡るだけではない。1 人の参加者の話のなかでも、複数の話題が出ることがある。

こうして様ざまな話題が飛び交うなかで、つどいでは多くの参加者がメモをとっていた。誰かの体験談で参考になることや、印象に残った言葉などを、多くの参加者がその場で書きとめていた。

つまり、つどいの場で私が「メモ」すなわち「フィールドノート」をとっていても、それは自然なことだった。たしかに、私は介護の悩みを相談しようとしてここに参加しているのではない。しかし、皆と同じ机の上で、誰かの発言をメモすること自体は、参加者として当たり前であり、自然なふるまいだった。

逆にいえば、こんな場所に私がカメラやICレコーダを持ち込めば、不自然なのだ。安心して悩みを相談しようと思ってきたのに、机の上に録音機材が置いてある。あるいは、自分の横でカメラが回っている。こんなところで、介護の悩みを相談したり愚痴をこぼしたりしようとは、誰も思えないだろう。

こうして私は、「フィールドノートをとる」という、その場で自然な記録法に集中して、家族会での調査を続けることになった。その後、調査の対象を広げ、X会長が関わっている以外の家族会5ヵ所で、継続的に調査を行なうことになった。しかしどの家族会でも、ICレコーダやビデオカメラを使用したことはない。

3. ノートをとりはじめて気づいた、2つの問題

最初の調査から、ノートには毎回、次のことを記録するようにした。まず、つどいの開始前に、日付と参加者の席順を欄外にメモする（このとき、女性は赤、男性は青といった具合に、性別で名前を色分けする）。そのうえでつどいがはじまってからは、発言者の名前と年代、介護している相手との関係（誰を介護しているのか）とその人の状態（年齢、要介護度など）、そして話された悩みや愚痴の詳細をできるだけ細かく書いた。

しかし、こうしてノートをとりはじめて、私は大きな問題を意識することになる。悩みはじめたのは、2009年の春、ちょうど修士論文を意識し出したころだったと思う（もちろん、今だって悩んではいるが、このときは本当に途方に暮れかかっていた）。

このとき私が直面した問題を、2つに整理して説明しよう。1つは、参加者の話をすべては書ききれない、という点。もう1つは、参加者の話のどこに注目したらいいかがわからない、という点だ。

参加者の話をすべては書ききれない

つどいに参加する家族会のメンバーは皆、悩みを相談したり愚痴をこぼしたりしたくて、参加している。つまり、調査に協力するために参加している

わけではない。

　当たり前のようだが、これは非常に重要な点だ。そのため、調査者の都合はまったく無視される。例えば、誰かの言ったことが聞き取れなかったからといって、こちらから突然「今なんて言いました？」などと聞き直すことはできない。

　特に大変なのは、こちらが誰かの発言を書き終わるのを、誰も待ってくれないという点だ。相手の発言を聞きながら同時並行で完全に速記するのは、不可能だ。そこで、今聞いた話を思い起こしながら、できるだけ正確に記録しようする。ところが気がついたら、今度は別の誰かが話しはじめていたりする。その場の作業だけでは、とても追いつかないのだ。

　そこで、つどいの終了後にノートをまとめることが重要になる。私も、つどいの終了直後、記憶が鮮明なうちにカフェなどに飛び込んで、その場で書ききれなかった話を思い出してまとめなおすことが多い。このようにノートをとるタイミングは、調査先にいるときとは限らない（例えば6章の松田さおりがノートをとるのは、調査先のホステスクラブから帰宅して、ひと眠りした翌朝だったという）。丁寧に速記しきれない内容は、ノートの欄外に殴り書きでもいいからメモしておくと、当時のやり取りを後から思い出すのに役立つので、お勧めだ。

　とはいえ、物事には限度がある。後でまとめるためには、その場のやり取りを記憶したり、メモしたりする必要がある。しかし、その場で話を聞きつつ、書きつつ、書きもらした内容を覚えるという作業を、2時間完璧にこなすことなど、不可能だ。

　つまりどれだけ頑張っても、参加者の話をすべては書ききれないのだ。

参加者の話のどこに注目したらいいかがわからない

　すべてを書ききることができないなら、どこかに注目して重点的に記録するしかない。しかし問題は、どこに注目したらいいかということだ。

　例えば、参加者のそれぞれが、特に重点を置いていた話題を記録すればいいだろうか？　先に書いたとおり、つどいでは、1人の参加者がいくつかの

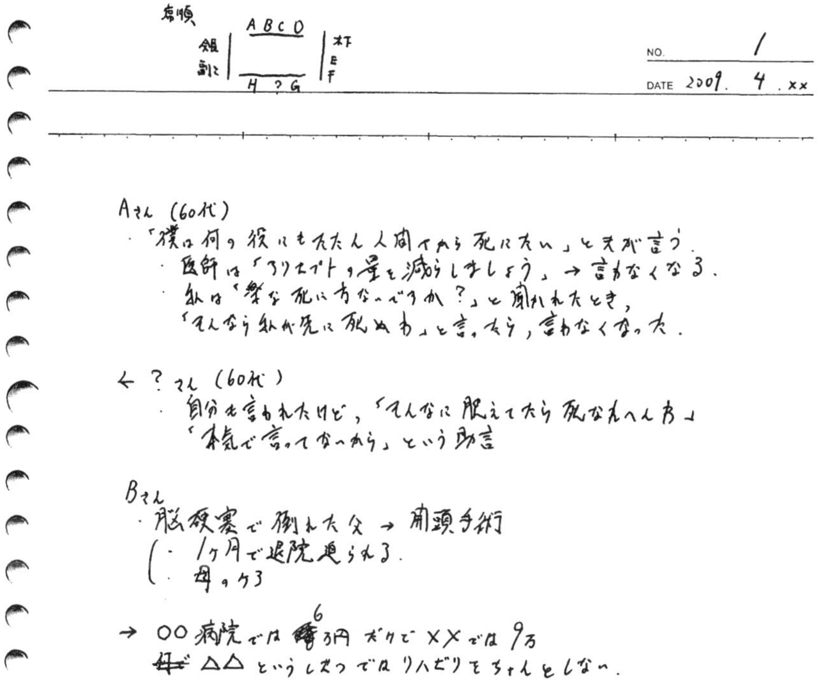

図1　2009年4月（調査開始当初）のノートの再現

話題を持ち出すことも多い。そのなかで、「相手が特に重点をおいていた話」に絞れば、ノートもとりやすくなり、より完璧な記録がとれるように思えた。

しかし、「相手が特に重点をおいていた話」だけを記録したとしても、やはり問題があった。参加者が重点を置く話題には、認知症の症状に関する相談、医師や介護施設の情報、亡くなった患者の生前の思い出など、さまざまな種類がある。例えば、病院の情報を例にとろう。「病院での検査費用がいくらだった」「あの先生は優しい」といった情報は、介護者にとっては非常に重要だ。しかし、いくら相手がそうした情報を重視し、この場で話しているからといって、それを後で「社会学的」に分析できるだろうか？

図1は、ちょうどそんな迷いを抱えはじめた時期、2009年4月のノートを再現したものだ[2]。Aさんが、夫の認知症症状に関して相談したのに続い

第Ⅲ部　行ってみる

て、Bさんが病院の検査費用について話題にしたのをメモしている。しかし、時間もないなかでそれぞれの文章の書き込み具合も甘く、病院名は聞き取れていないので○△×になっている。しかし仮に、検査費用の話を完全に書きとめられたとして、それを後で分析できるだろうか？　しかも、その検査費用の話に気をとられているうちに、その前の認知症に関する相談の記録がおろそかになっている。「相手が特に重点をおいていた話」を記録するのも、やはり限界があった。

　ノートをとるうえでの基準を、設定しなおす必要がある。私はそう痛感した。家族会のメンバーは調査のために話しているのではない。だから、例えばインタビュー調査のように、こちらが事前に質問を用意することはできない。このままだと、よくわからないノートばかり集まってしまうと、私は悩んだ。

4．調査が上手くいかない、「我慢の時期」にやったこと

　調査を本格的に開始して半年ほど経ったこの時期は、調査が上手くいかない、「我慢の時期」だったと思う。つどいで注目すべき点、いわば調査のポイントを絞ろうにも、どこに絞ったらいいのかよくわからないままで、辛かった。

　とはいえ、悩んでばかりいてもはじまらない。ここから何とか持ち直すために私がやったことは、2つに分けて説明できる。1つは、「つどいの全体像」を知るために、粘って参加し続けるということ。もう1つは、マネしたい先行研究を見つけるということだ。

「つどいの全体像」を知るために、粘って参加し続ける

　調査が上手くいかない時期、私は、とにかく粘り強くつどいに参加し続けることを意識していた。たしかに、まだどこに注目したらいいのかもわからないし、ノートのとり方も定まっていない。そんな状況で2時間もノートをとるのは、楽しい作業ではない。

しかし後から考えると、この時期に「つどいの全体像」を自分なりに掴めたことは重要だった。ここで「全体像」と呼んでいるのは、つどいにはどんな人が参加していて、誰から、どういった話題が出てくるのか、そうしたつどいの仕組みや特徴のことだ。たしかに、つどいの「どこかに注目すること」は必要だ。しかし「どこかに注目する」ためには、その前に「全体像」を自分なりに把握する必要がある。例えば私は、ノートを何度か読み返し、複数に色分けされた付箋を貼りつけ、話題をグループに分けたりした。「認知症に関する相談」に青い付箋を、「良い医者の条件を話している場面」に黄色い付箋を貼っていく、といった具合だ。後で付箋ごとに整理していけば、誰から、どんな話題が出ていたのか、自分なりの「全体像」を描くことができる。

つまり、「相手が特に重点をおいていた話」を記録し続けていたノートも、無駄にはならなかったのだ。もちろん、この記録形式をずっと続けていては、良い調査にはならなかっただろう。しかし、つどいを通じてどんな話題が出ているのか、そこでどんなやり取りがされるのかの「全体像」を知るためには、この時期につけていた「よくわからないノート」も、必要な回り道だったのだと思う。

マネしたい先行研究を見つける

さて、そうやって何とか「つどいの全体像」を掴めたら、今度は自分なりに「注目すべき点」を絞っていくことになる。このときに重要なのは、「真似したい先行研究を見つける」ことだ。私は「高齢者介護」に関心を持ち、「家族会」で調査をはじめ、何に注目したらいいか悩んでいる。しかし、こうやって悩んだのは何も、私が最初ではない。これまでに何人もの社会学者が、「高齢者介護」や「家族会」をテーマに研究をしてきた。彼らだって同じような悩みを抱え、そして何とか乗り越えてきたはずだ。そんな悩みの先輩たちが書いた論文や本には、私が今抱えている悩みをどう乗り越えるべきかのヒントが、たくさん詰まっていた。

私が特に参考にしたのは、井口高志の『認知症家族介護を生きる』（井口

2007）という本だ。このなかで井口は、認知症[3]という病気の医学的な理解が変化したことと、家族介護のあり方が変化したことを結び付け、わかりやすい議論を展開していた。しかも彼は、家族会を調査対象の1つにしていた。「これはマネしたい！」と、私は思った。

　実際、私が参加しているつどいや、家族会の他の活動でも、認知症は非常に重視されていた。認知症の症状には、妄想や徘徊といった対応の難しいものが多い。そのため多くの人が、この認知症への対応に苦慮したことをきっかけに、家族会へ参加していた。だからこそつどいでは、この症状にどう対応すべきか、よく相談がされていた。また家族会では、認知症に関する専門職の講演会を開催することも多かった。つまり、認知症をめぐる話題に特に注目してノートをとることにしても、十分なデータが集まると考えられた。

　そこで私は、高齢者介護のなかでも特に、認知症を患う人たちと、彼らを介護する家族の経験とに、調査の焦点を絞ることにした[4]。こうして、調査を開始してから1年半後、無事に修士論文を提出することができた。その修士論文の議論を整理し直したものが、冒頭に紹介した論文なのだ[5]。

5. 何をノートにとるか

　ここで、認知症に調査の焦点を絞った結果、私がどんなふうにノートをとるようになったか、紹介しよう。図2は、2012年8月のノートを再現したものだ。入院中の認知症の妻を見舞うCさんの話、また認知症の夫を在宅介護中のEさんの話が重点的にメモされる一方で、今月初めに妻を亡くしたDさんの話は1行で簡潔にメモされている。図1に比べると、メリハリがついた内容になっていることが見て取れるだろう。

　さて、私は認知症にテーマを絞ったうえで、次の2つの点に注意してメモをとるようになった。1つは、誰と誰のあいだで起こったことが話題になっているのか。もう1つは、その人たちのあいだで「やってよいこと／悪いこと」は何なのか、その区別だ[6]。

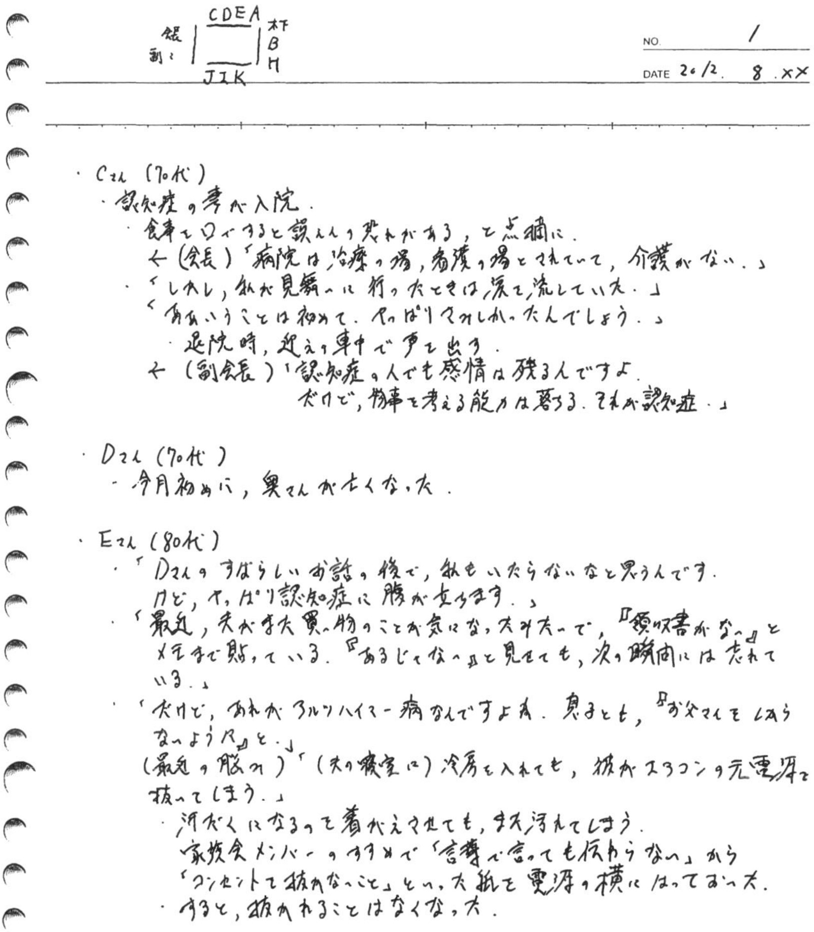

図2 2012年8月のノートの再現

誰と誰のあいだで起こったことが話題になっているのか

　家族会では、様々なエピソードが語られるが、それぞれの話が、いったい誰と誰の「あいだ」で起きたことなのかは、注意してメモする必要がある。例えば、認知症患者と医者のあいだの話なのか、患者とホームヘルパーのあいだの話なのか、それとも患者と家族のあいだの話なのかは、重要な違いだ。

　これは、私の調査に限らず、どの調査にも当てはまる注目点だろう。その

場面に、どんな登場人物がいて、どの人たちのあいだで起こったことが話題になっているのかをきちんとメモできていれば、後の分析も非常にしやすくなる。

そのポイントを押さえたうえで、私が特に注意したのは、「認知症患者」と「家族」のあいだで、「やってよいこと／悪いこと」がどう区別されているかを、記録することだ。

その人たちのあいだで「やってよいこと／悪いこと」は何なのか

家族会で、メンバーが認知症に関して相談するとき、何らかのアドバイスが他のメンバーから寄せられる。「そういうときには患者さんには、こうしたらよい」あるいは「そんなことはしてはいけない」といった具合だ。

例えば、ある家族会でこんなやり取りがあった。Fさんが、「認知症の夫が「タイヤが転がってきたので見にいく」といって、夜中家を出て行こうとする。そうした幻覚を見て大きな声を出すので、「それは夢だ」と指摘するのだが夫は聞かない。どうしたらいいのか」と相談した。これに対し、ベテラン介護者のGさんが「それは（夢だと）絶対に言うたらアカン。それが認知症やから」とアドバイスした。「それが認知症やから」という言葉はこれだけではわかりにくいが、要は「認知症の人は、こちらが理屈で説得しようと思ってもわからないのだから」ということだ（Gさんは、自分の介護体験記のなかに「説得は逆効果」という節も設けている）。

ノートをとりながら、私はこのやり取りに非常に特徴的なものを感じた。Fさんの夫が、明らかに現実ではないこと（タイヤが転がってきた）を、しかも夜中に大声で言いながら、外に出ようとしている。こうしたとき、通常は夫を注意するのが当たり前だし、Fさんもそうした。しかしつどいでは、夫は「認知症」なのだから、絶対に「説得してはいけない」のだと、むしろFさんのほうが注意される。介護している相手が認知症であることで、「やってよいこと／悪いこと」が思いがけない形で変化していた。

そこで私は、介護者と認知症患者のあいだで、「やってよいこと／悪いこと」がどう区別されているのかに注意して、ノートをとるようになった。ま

た、新しくとるノートだけではない。それまでにつけていたノートも、そうした視点から整理するようになった。例えば、患者が介護者に暴言を吐いた場合はどうか？　それは「認知症のせい」で、患者は「悪くない」ので、介護者は「怒ってはいけない」。また先ほどの「タイヤが転がってくる」の例もそうだが、患者には「理屈は通じない」ので、「説得したり否定したりしてはいけない」。しかし「感情はわかる」ので、なるべく「笑顔を浮かべよう」。――こんな具合に、私はノートの内容を別紙に整理していった。こうして整理するだけでも、認知症介護に関してつどいでどんなアドバイスがされているか、その特徴が見えてきた。

　このように、「やってよいこと／悪いこと」に注目する視点は、つどいでの相談に沿ったもので、この調査に特徴的なものだと思う。一方、ある人たちのあいだで「やってよいこと／悪いこと」がどう区別されているかに注目する視点は、私がはじめて発明したものではない。この「やってよいこと／悪いこと」という区別は、社会学で規範や秩序という概念で長年論じられてきた問題を、わかりやすく言い換えたものだ。だから、とても「社会学らしい」視点だと思っている。皆さんがノートをとる際にも、お勧めしたい。

6. 何かを省略する＝記録しないという思い切り

「奥さんが亡くなった」

　ここであらためて図2を見てもらいたい。すぐに、「認知症患者」にどんな能力が残っているとされているか、また家族会で以前どんなアドバイスを受けて、それを踏まえて患者にどんな対応をしているかなど、認知症介護に関する話題が細かく書き込まれているのに気がつくだろう。

　しかし注目してほしいのは、「奥さんが亡くなった」というDさんの項目だ。彼はこの日、妻の最後の様子を涙ながらに振り返り、「介護している相手が亡くなったのに、家族会に参加し続けてよいか悩んでいる」と相談し、他のメンバーに励まされていた。彼は、何分間も話をしていた。

　では、なぜこの1行ですまされているのか？　もちろん、Dさんの話は

(図2のEさんの発言にあるとおり)すばらしい話だった。しかし今の調査の目的から考えて、Dさんの話を詳細に記録するよりも、他の人の認知症に関する相談の詳細を記録するほうが重要だし、優先されると考えたのだ。

こうして、「認知症」に関して詳細に記録されたノートからは、その場で話されていた「妻の死」に関する詳細は省略される、つまりそもそも記録されないことになった。

記録すること、省略すること

こうして誰かの話を省略するのを、「酷いことだ」と思う人もいるかも知れない。実際、私も決して良い気持ちはしない。

しかし私は、こうして何かを省略する思い切りは、フィールドノートをとるうえで必要だと思っている。私がノートから省略している様ざまな話題(病院の情報、健康法等々)は、どれも話している人にとって、あるいはつどいにとって重要な話だ。しかし私の調査にとっては、重要ではない。またDさんの話は、すばらしい話だった。しかし私の調査目的は、「すばらしい話」を分析することではなく、「認知症」に関する話を分析することだ。

そして、私が書いた悩みの歴史は、これからノートをデータにしようとするすべての人が体験しうることだと思う。誰でも最初は、自分の調査先の全体像や特徴を理解するのに、苦労する。そうした我慢の時期には、とにかく記録をとることも重要だ(だから、よくわからないなりにとったノートも、無駄にはならない)。しかし、自分なりに調査先の特徴が理解できたならば、今度は、自分の調査目的にとって重要なポイントに絞って記録しなければ、そのノートは良いデータにはならない。そのためには必ず、調査にとって重要でないポイントを、思い切って省略することが必要になる。

何かをノートに記録することは、別の何かをノートから省略することでもあるのだ[27]。

注
1)　伊藤智樹は、「セルフヘルプ・グループ」に共通する特徴を、「従来型の専門

的治療や援助の枠の外側にできた、何らかの問題や目標を抱える当事者グループ」(伊藤 2009：7)、と整理している。
2) 図1および後に出てくる図2では、名前など、個人が特定されうる情報はすべて伏せている(また、実際のノートはもっと字が汚い)。
3) 認知症の特徴について関心のある人は、小澤(2005)を参照してほしい。「役割」に関連する議論もあるなど、社会学を志す人にとっては興味深いと思う。
4) 本文では紹介を省いたが、もう1冊、私の調査プロセスに影響を与えたのが、『概念分析の社会学』(酒井ほか編 2009)という本だ。専門的概念と人びとの経験の関係に注目するという同書の視点は、「すでに集めたデータをどう分析するか」だけではなく、「今後何を重点的に記録するか」にも、影響を与えた。それが、認知症という概念を中心に、家族会でのやり取りを記録することにつながった。
5) もっとも、こうして集めたデータを論文にまとめ上げるためには、ゼミ発表(や学会発表)などを経て、分析を磨いていく必要がある。この過程は、木下(2013)で論じているので、参考にしてほしい。
6) 人びとの「あいだ」、そして「やってよいこと／悪いこと」の区別に注目する、という表現は西阪仰(西阪 1997)に準えている。西阪の、特に序章での議論は、「規範」「秩序」といった社会学の伝統的な問題関心を、わかりやすく展開している。
7) 編者の都合で、本書の出版までモタモタしているあいだに、『文体の科学』(山本 2014)という本が出版された。このなかで山本貴光は「小説」を例に、「小説を書くにあたって、作家は必ず取捨選択を行っている」と論じた。「ある情景を書くとき、すべてを書き尽くすことはできないとしたら、なにを書くのか。どのようなことばで書くのか。ことばをいかに配置するのか」(山本 2014：243)。「ここにこそあらゆる小説の秘密がある」と山本はいう。これに準えるなら、本章は、フィールドノートにおける「取捨選択」にこそ、「社会調査の秘密」があると論じたのだ。そして本章は、その秘密を開示したことになる。

【参考文献】

井口高志、2007、『認知症家族介護を生きる——新しい認知症ケア時代の臨床社会学』東信堂。
伊藤智樹、2009、『セルフヘルプ・グループの自己物語論——アルコホリズムと死別体験を例に』ハーベスト社。
木下衆、2013、「論文投稿のケーススタディ」平岡公一・武川正吾・山田昌弘・黒田浩一郎監修『研究道——学的探究の道案内』東信堂、223-234頁。
西阪仰、1997、『相互行為分析という視点——文化と心の社会学的記述』金子書房。
小澤勲、2005、『認知症とは何か』岩波書店。

酒井泰斗・浦野茂・前田泰樹・中村和生編、2009、『概念分析の社会学――社会的経験と人間の科学』ナカニシヤ出版。

山本貴光、2014、『文体の科学』新潮社。

【Further Readings】
R. M. Emerson, R. I. Fretz, and L. L. Shaw, *Writing Ethnographic Fieldnotes*, Chicago: University of Chicago Press.（佐藤郁哉・好井裕明・山田富秋訳『方法としてのフィールドノート――現地取材から物語作成まで』新曜社、1998年）

　調査の考え方から、ノートのとり方まで、具体的な事例が多くとても参考になる良著。そして、「国と時代が違っても、社会学者はノートをとるうえで同じようなことに悩んでいたのだな」と、少しホッとさせてくれる本でもある。

10 学校の中の調査者
問い合わせから学校の中ですごすまで

團康晃

> これから紹介する調査をもとにして書かれた論文
>
> 團康晃「学校の中のケータイ小説―ケータイ小説をめぐる活動と成員カテゴリー化装置」『マス・コミュニケーション研究』82号、2013年、173-191頁。
>
> 　2000年代はじめ、ケータイ小説は社会現象となり、メディア利用の新奇性や内容の荒唐無稽さから様々な議論を引き起こした。この論文はケータイ小説が学校という具体的な場にいかなるメディアで持ち込まれ、どのように読まれ、そこでどんな活動が、いかなるアイデンティティのもとになされているのかを明らかにした。
>
> 　ケータイ小説は学校に携帯電話ではなく、書籍として持ち込まれていた。主たる読者である「女子」は、書籍としてのケータイ小説を休み時間に集まって読み、貸し借りをし、感想語りや恋愛語りを行なう。それは「女子」であることと結びついた読解態度が期待される活動であった。

1. 調査のための様々な手続き

フィールドとの関係を作る

　「学校」や、それに近いような組織や施設で調査を行ないたいと考えるとき、まず、そのフィールドとの関係を作らねばならない。いきなりその場に飛び込むという人もいるかもしれないが、なかなかそうはいかない（学校にいきなり飛び込めば大抵は問題になる）。調査に入るための手続きが必要な、相対的に閉じたフィールドで調査をしたいと思うとき、この関係づくりの時点で「当てがない」と途方に暮れ、諦める人も少なくない。しかし、ここで諦めてははじまらない。

第Ⅲ部 行ってみる

　フィールドに入ろうとするとき、緊張したり、不安になることがある。そんなとき、誰かの具体的な事例を知ることは、イメージトレーニングとして有用だろう。本章は、筆者の調査を事例に、フィールドと関係を作ってそこに入るまでの過程、学校側との交渉やフィールドに入ってからの工夫、そして、調査をするなかで感じられた不安に対する対処の3点について紹介したい。

　まず、フィールドと関係を作って入るまでの過程の話からはじめよう。筆者の場合、まず学校との関係を仲介してくれるかもしれない人を探し、学校側との共通の知人に相談した。そして、その知人にフィールドとなる中学校の校長を紹介してもらった。11月、院生室で緊張しながら調査先となる中学校に電話したことを覚えている。知人が校長に調査方針をある程度伝えてくれていたらしく、初めての電話での反応はとてもよかった。校長は調査を引き受けられるか検討するため、調査計画等の書類を至急送ってほしいと調査者に伝えた。

　学校との初めてのコンタクトを振り返ると、驚くほどにスムーズに関係づくりができている。これは校長と調査者との間に共通の知人がいたことが大きい。共通の知人は、調査者の人となりを校長や幾人かの先生に伝えてくれていた。調査に入ってから、共通の知人がいたからこそ安心して迎え入れることができたという話を聞くこともあった。

　こういうことを書くと、そもそも「共通の知人」がいること自体がレアケースだと思うかもしれない。しかし学校以外のフィールドであっても、身近な人たちに相談してみると、案外共通の知人になってくれる場合がある。あなたが学生であれば身近な先輩や教員にお願いすることができるだろうし、家族や親戚に相談するのも手だといえる。ひとまずフィールドとの関係を作りたいときは、共通の知人になりそうな人に調査計画とそことの伝手について相談するというのは1つの手だろう。フィールドを仲介してもらえるかもしれないし、おかしな調査計画を立てているときは、そこでアドバイスがもらえるはずだ。

調査協力を正式にお願いする

　口約束でも調査の許可がもらえたり、調査実施について検討してもらえるのなら、調査協力を正式にお願いするための書類を準備し、学校側に送る。共通の知人を介さずにフィールドに調査を依頼する場合は、事前に書類を作成したうえで訪問する場合もある。筆者の場合、校長から調査受入の検討をすると伝えられたらすぐに、正式な調査計画書作成に取り掛かった。調査計画書は、調査の目的や意義、調査予定期間や調査方法について、いくつかのフィールドワークの教科書に掲載されている「調査依頼」の文章を参考に作成した。加えて、指導教員による調査者の推薦書、調査先の先生方に向けた調査説明とあいさつ文、さらに保護者の方へのあいさつ文を準備し、中学校に送った。また、調査をはじめる際の手続きとして、大学が設置する調査倫理委員会の定めた形式や手続きなどがある場合があるので、調査に行く前に指導教員やまわりの研究者に確認しよう。

　調査計画書と推薦書を先生方に検討してもらい、問題がなければ「先生向けの説明」と「あいさつ文」、生徒と保護者向けの「調査のお願い」と「説明」、調査者のプロフィールを記した手紙を配布してもらった。諸文書のフォーマットは、大学によって形式が決まっていたり、また、大学のホームページでフォーマットをダウンロードできる場合もある。筆者はいくつかの大学の調査計画書等のフォーマットを参考にしつつ、一連の書類を準備した。

　これらの諸書類は学校の先生や生徒、その家族に、これから行なう調査の内容や問題関心、意義を伝え、調査への協力をお願いするものだ。まだはじまっていない調査について文章で説明するということはやさしいことではない。しかし現状での問題関心とこれから調べていく方針の実行可能性を考えながら、調査内容を誰かに伝えるということは、その調査を通して得られる研究結果や、その意義などを考えるうえでも重要だ。何より、学校側はこの書類を参考にして、調査を引き受けることができるか考えることになる。逆にいえば、この段階で宣言した内容を、調査を実際に開始してから大幅に変更すれば、少なからず学校側に困惑をもたらすだろう。調査者がやりたいことと、被調査者の負担を考慮したうえで、調査計画を考える必要がある。

調査方法について打ち合わせる

　学校側との電話や書類でのやり取りを通して、校長から調査許可が降りると、次に調査者を引き受けてくれる学年、学級が決まった。大まかな調査方針は、校長が許可を出し、具体的な調査方法については引き受けてくれる学級の担任の先生と相談しながら進めていった。このように、調査方法は計画としてやりたいことはあるものの全てできるわけではない。こまめに先生に相談した。結果的に、第1学年全員を対象とした簡易アンケート、参与観察、グループインタビューを行なうことが許可された。

　このように様々な調査方法を採用できたのは、学校側の協力のおかげだろう。あらゆるフィールドワークで複数の調査方法が採用できるわけではない。長期間の滞在が難しかったり、特定の日の特定の授業のみを参与観察するような場合も少なくない。

　重要なことは、調査先の事情や、与えられた条件と時間を踏まえたうえで、何ができるか考え、フィールドの責任者をはじめとする人たちに相談し、きちんと確認をとることだ。

　では、調査者が実行したいくつかの調査方法は、いかなる理由で必要となり、どのように実行されたのか。

　簡易アンケートでは、生徒の性別やクラス、部活動などの属性に関する質問に加えて、最近読んだ本や聴いた音楽についても質問した。限られた日数のなか、第1学年の生徒のなかで参与観察を行ない、グループインタビューを行なうため、所属部活や趣味等調査にとって重要な基礎情報を早く把握しておきたかった。その旨を先生に相談し、許可をもらったうえで、ホームルームの時間などにアンケートを実施した。

　参与観察は、第1学年の各学級での休み時間に関しては各担任に、さらに授業の参与観察に関しては各授業担当の先生に相談し、許可をもらった。当然授業によっては第1学年以外の先生が担当することもある。調査者は、他学年の先生にもその存在を認知してもらったうえで、朝や前日に許可をとり授業の参与観察を行なった。調査が進むうちに、生徒と一緒に授業に参加するようにもなっていった。

そんななかで、グループインタビューも行なった。アンケートの結果や参与観察から生徒を3名から5名程度のグループに分け、昼休みや放課後に調査者控室か教室でインタビューを行なった。話題は多岐にわたったが、まずそのきっかけとして、先に行なったアンケート結果や参与観察での気づきについて話すことが多かった。

このように、フィールドワークのなかで行なったいくつかの調査方法は決してそれぞれに独立の単発の調査ではなく、研究計画として相互に関連していた。学校の中に居続けるなか、それぞれの調査で得られたデータを、次の調査の参考とし、次の会話の話題としたり、それぞれ関連付け、利用しながら、生徒の活動の理解を試みた。逆にいえば、利用することのない調査を行なう意味はない。学校側にとっても負担となる。調査者はその点を配慮し、調査方法について調査先と相談し、決定していくべきだろう。

次に、調査者が学校の中に入っていく過程に注目したい。

2. 学校の中の調査者

校長とともに学校を回る

調査初日、登校して校長にあらためて挨拶をした後、職員朝会で挨拶をした。職員朝会の後、使用していない教室を調査者の控室として提供され、控室に荷物を置き、フィールドノートとボールペンを持って控室を出た。調査者の引受先となった学級のホームルームに参加し、生徒たちに自己紹介をした。ホームルームが終わると、早速参与観察をはじめた。しかし、ここで気づく。現役「生徒」ではない「調査者」には出席すべき授業がない。「どこかにいなければならない」ということがない。どこに行って何を見ればいいかもはじめからわからない。

さてどうしたものかと考えていると、校長から一緒に学校の中を見て回ろうという誘いを受けた。調査者は授業中や休み時間、昼休みなど、校長とともに学校中を回った。私は校長とともに校内の様々な場面、風景を目にし、それぞれ、これらがいかなるものなのか、説明を受けた。教室の配置や、授

業の形式、学校全体の方針や理念、1年間の行事の流れ、あるいは最近の主だった出来事や各クラスの現状の雰囲気、普段は気にもとめないようなことも含め、学校現場の様々な背景情報を校長先生に教えてもらった。振り返ってみても非常に貴重な、ありがたい機会だった。

校長は調査の最初の段階から調査者のために忙しいなか時間を割き、学校の中を案内してくれたわけだが、そのような対応をできる学校は多くはないと思われる。そのときの学校の状況、先生や生徒の多忙さなど、調査期間のタイミングによっても受け入れ態勢は変わってくるだろう。

また、一方で個別の授業や各学級の様子について、参与観察をしていて気になったこと、感じたことなどは、小さなことでも先生方に質問するようにした。例えば、朝の学級活動後や授業の後、私は職員室にむかう先生と一緒に歩きながら、気になったこと、最近の参与観察で気になった休み時間の様子など、ささいなことでも積極的に質問し、そこで様々なことを教えてもらった。そうすることで「先生」が見ているポイントがわかる。参与観察で何を特に見るべきか、インタビューで何を生徒に問うべきか、大いに参考にした。「調査者」は自らの学問領域に関しては専門家でも、学校という場に関しては素人だ。まずは先生の「見方」を通して、学校の形式的なルールから先生の生徒や学校の状況についての理解まで、いわばフィールドの背景情報を学ぶようにしていた。

このように書いていくと、調査者は「先生」とばかり話しているようだが、そういうわけではない。本節で示したのは、あくまで調査の開始直後、まだ学校の中の勝手がわからないときの話だ。おおむねの背景情報を学んだ後は、「生徒」たちとすごし、頻繁に立ち話をするようになる。

ノートを持ち歩き、ノートを書く

フィールドで見聞きしたことはどのように記録するのか。朝からずっと学校で見聞きしてきたことを、一度にフィールドノートに書き記すことは難しい。筆者は調査当初から三色ボールペンとポケットサイズのメモ帳を持ち歩き、必要に応じてメモをとっていた。これはまだ走り書きだ。空き時間など

に控室に戻り、パソコンを開いて走り書きのメモから読みなおしてわかるような文章にした。つまりフィールドノートを書いた。当然空き時間だけで書き切れないので、学校から帰った後もその作業を行なった。メモをとることと、メモからフィールドノートを書くことは、いくつかのフィールドワークの教科書を参考にして行なった（佐藤 2002）。

　ここでは筆者の具体的な事例を紹介したい。まず、メモをどういう場所でとるのか。学校以外のフィールドであれば、参与観察の間や少し落ち着いたところでメモをとることができる。しかし、調査者は一日中学校にいて、いつもどこかに生徒がいる。人目につかずメモを書きとれる場所は控室ぐらいだ。だが、一々控室に戻るわけにもいかない。結局生徒のいる教室でも気にせずメモをとることにした。生徒たちは調査者がメモをとっていることがかなり気になっていたようで、しばしば「何を書いているんですか」と質問してきた。調査者は基本的に隠すことはなく、「みんながどういう風にすごしているか書いている」などと答えていた。

　しかし、調査開始から数日たったころ、調査者が参与観察のために教室に入ると、ある男子生徒が「書かれるぞ！」と一声あげ、他の生徒も急に着席して静かになるという一幕があった。この日の夜に清書したフィールドノートには「これ以降、授業でメモをとることが難しいと判断し、（当該クラスでは）メモをとらないようにすること、他の授業でも極力使わないようにしよう」と記している（括弧内は筆者注）。

　生徒もいる場面でメモをとれば、こういうことはありうる。このような状況で意地になってメモをとろうものなら調査者と生徒の関係は良いものにならないだろう。この出来事の後しばらく、このクラスの授業で参与観察をするときはメモをとらないようにした。それから1週間後の休み時間、このクラスの生徒から何をメモしているのか、どこで発表するのかといったことを質問された。このとき、メモが気になっていた複数の生徒へ説明を含めたやり取りができたように思う。それ以来、このクラスではメモをとっても声をあげられたり避けられたりするということはなくなった。先に書いたように、フィールドに入る前、生徒向けの調査説明のプリントは配られたし、初日に

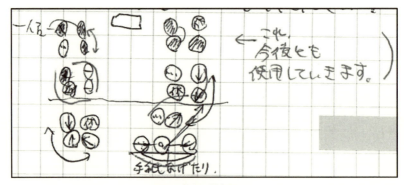

図1 教室の授業用メモ

は自己紹介もした。しかし、実際に居合わせるとなると話は別なのだろう。そこでは工夫が必要だ。

　次に、何をメモとして書き記すかだ。これは調査者の問題関心によって大きく変わってくる。逆に関心が明確でないと何を書けばいいかわからない。具体的なメモの事例を見てみよう。図1は調査開始から3日目に書いた授業観察メモだ。

　図の上方には授業への参加形式とそこでの生徒の活動のあり方についてのメモが記されている。これは前節で見たような、校長や先生たちとのやり取りで得た教育方法に関する知識をもとに書かれたものだ。

　その下に、生徒の座席配置とそこでの生徒の会話の宛先や、身体配置に関するメモを残している（図1）。人を○で示し、発言の多い生徒の○の中に発話の宛先となる生徒の方向、身体配置の方向の傾向を記録している。また○と○の間の矢印は頻繁に見られた発話の宛先関係、「手紙なげたり」とあるように授業中に手紙のやりとりをしていることなどもメモした。右に「今後とも使用していきます」と自分自身に向ってコメントを書いている。この日から、この座席配置の図を利用して、生徒の活動を記すようになった。授業の前の休み時間に、座席通りに○を書いたうえで授業に参加し、参与観察の途中で気付いた生徒の活動に関して、矢印やメモを書き入れた。

　この記録方法は特にどこかで学んだものではなく、フィールドの中で効率

よく生徒の活動を記録するために考えた。調査のなかで注目すべき点を定め、そのなかで記録しなければならない情報を素早く記録するために工夫した。次節では、生徒の活動、特に、ケータイ小説をめぐる活動に注目するに至った過程、そこでの生徒とのやり取りがどのように進められたのか、示したい。

生徒とともにすごす

　調査者は「生徒」たちとどのようなやり取りを積み重ねていったのか。

　まず調査者は「生徒」の活動、生徒が誰と何をしてすごすかに注目して参与観察し、インタビューを進めた。とにかくできるだけ控室に戻らず、生徒たちとともにすごすよう心がけ、同じ活動に参加し、そのなかで「教師」に質問するように、気になったことを「生徒」に質問した。生徒とのやり取りは「教師」とのそれとは異なり、調査者の問題関心など前提とする文脈が共有されていないことも多く、質問の仕方に工夫が必要だった。

　例えば、参与観察するなかで気になった「書籍」でケータイ小説を読む生徒に対し、「なぜ本で読むの？」と質問しても、「いや、別にふつう……」などと答えるばかり。そもそも彼女らは小学校以来、書籍でケータイ小説をよんできており、ケータイと書籍とを比較するということ自体ほとんどなかったのである。

　このようなやり取りのなかで、調査者は生徒の答えやすい問いを考え、試行錯誤を繰り返した。このように書くと、調査者の苦労話のようだが、生徒にとっては突然来たよそ者が、考えたこともない質問をしてくるのだから、かなりの負担だったのではないだろうか……。

　最終的に、調査者はやり取りのなかで、論文で分析しているような具体的な活動についての質問を行なうようになった。例えば「（読んだ）作品のなかでどれがよかった？」や「それ（主人公の彼氏）はどこがかっこいい？」といった質問は実際に自分たちが読んで思ったことを説明すればいいので、生徒たちは比較的答えやすそうだった（團 2012：182-183）。

　こうした生徒とのやり取りを続けていくなかで、調査者と生徒たちの関係は徐々に変わっていく。調査者に何気なく声をかけてくれる生徒や、遊びに

誘ってくれる生徒など、開始当初にはなかった関係が生じていった。

　教室で様々なメンバーとすごしていると、交遊関係にどうしても偏りが生じてくる。調査者に頻繁に声をかけてくれる生徒もいれば、そうでない生徒もいる。その結果、ある生徒とはよくやり取りし、他のある生徒とはあまりやり取りがないということがでてきた。このような状態になると、場合によって、「調査者は誰々の仲間だ」といった見方をされることもあった。そうならないように心がけていても、時に複数のグループ間で板挟みになることもある。例えば、「（そっちでなく）こっちで遊ぼう」といったことを言われる。

　多くの生徒がともにすごす空間にいる以上、このような事態はおこりうる。調査者がこのような状況のなかで心がけたことは、第1学年の各クラス、毎日一度はすべての生徒に声をかけることだった。あくまで心がけであり目標だったが、結果的に多くの生徒と会話ができ、思いがけない話に出会うこともしばしばあった。これは、校長から受けたアドバイスだった。ひょっとすると教育実習生にも同じアドバイスをしていたのかもしれない。調査者は朝から生徒とともにすごし、参与観察も1日のなかで第1学年のすべてのクラスで授業に参加できるよう心がけた。昼食も同様に、毎日弁当を食べるクラスを変え、一緒に食べる班を変えた。各クラス食事の班が6つあるから、18日で第1学年の全生徒と同じ班で昼食を食べられる。「こっちで食べましょうよ」という声かけは嬉しかったが、毎日その声に応えると、毎日同じ班で食べることになる。それはそれでよいのかもしれないが、そうではなくはじめにルールを作って、毎日異なる班で食べた。昼食の班は座席配置に基づくため、休み時間とは異なるメンバーでの会話がなされる。休み時間には見られない生徒同士のやり取りに出会うこともしばしばだった。

　こうして、調査者は朝から生徒とともに登校し、授業、休み時間はもちろん、部活にも参加し、そして生徒とともに下校する日々を送った。様々なメンバー構成で交わされる生徒たちの様々な活動に参加した。ある日の休み時間には教室で同じクラスの女子たちが集まるなかにまざってケータイ小説について語った。またある日の放課後には教室ではあまり話さない男子と部活について語り、ともに下校した。調査者は継続的に生徒たちとともにすごす

なかで、生徒たちの様々な側面を垣間見ることができたように思う。

3. 調査のなかで不安になること

　ところで、調査を行なっていると、時に不安に苛まれることがある。本章の最後に、この不安について筆者の経験を紹介したいと思う。筆者の場合、「どんな論文が書けるだろうか」という研究結果についての不安と、「学校側にこんなにお世話になって、何を返すことができるだろうか」という調査先へのフィードバックについての不安を抱いていた。

　まず、成果物を出せるかという不安だが、これは緊張感、問題関心への意識を維持するうえで一概に悪いものだとはいえない（押しつぶされてはいけないが）。大切なことは、そのような不安を抱きながらも、問題関心を明確にしながら、後の分析に耐えうるフィールドノートやインタビューデータを作り上げることだ。拙稿を読めばわかるように、調査時期と執筆時期に隔たりがある。当初より問題関心は明確だったが分析の方針は調査を行なっていた時期には模索中だった。フィールドの様子が日々変化するように、調査者の問題関心や分析の方法・視座自体、変化する。フィールドの中にいるときのほうが経験についての記憶は最も新鮮だろう。しかし、そのときの問題関心や分析の視座が最も良いとは限らない。大切なことは調査者の記憶が薄れていくなかで再度データに立ち返って自信をもって分析ができるだけのデータを作っておくことだ。分析の機会は調査の後にもあるが、調査の機会、フィールドにいられる時間は限られている。

　次に、「何を返すことができるだろうか」という不安について。調査者は学校に何を返すことができるのか。論文を書こうとする調査者はしばしば「フィールドの役に立つこと」と「良い調査結果と研究成果を生み出すこと」の板挟みになり、身動きがとれなくなることがあるように思う。

　調査を開始したばかりの頃はまだ調査の先行きも不明確で不安ななか、フィールドへの適応も求められ、この板挟み感覚は強くなりがちだった。そのなかで結果的に良かったことは、定期的に調査過程での気づきや分析を学

校側に報告するという約束を交わしたことだった。具体的には、定期的に先生向けの報告書を提出した。報告書といっても大仰なものではなく、A4判で数ページ程度の量で当然、生徒のプライバシーに十分配慮しながら書いた（多すぎても先生を困らせることになるので、簡潔なものにした）。例えば生徒を対象にしたアンケートの集計をもとにしたレポート、参与観察での気づきや知見をまとめたレポートなどを提出した。このように調査の途中経過を問題関心に則して分析し、まとめて先生に報告することで、調査者が何をしているのか、何をするためにここにいるのかということを積極的に伝えるようにした。

　自らの学問領域に出すべき研究成果とは別に、先生へ向けた報告書を定期的に出すことで、先生からコメントが返ってきたり、時にアドバイスをもらうこともあった。こういった先生との報告書を介したやり取りは、結果的には学問的な知見にも結びついた。

　これ以外に先生方から直接感謝されたのは、調査者が授業に出て授業の手伝いをし、休み時間に生徒たちとともにすごすことそのものだった。いわく、参与観察を行なった1月から3月の年度末は、学校の行事がひと段落し、「生徒の気が緩みがち」な時期であり、そこに目新しい調査者が入ることで、生徒にとって良い刺激になったということだった。つまり、研究結果を経由するのではなく、調査者がいること自体、役に立っていたということもある。最終的には研究結果を出さねばならない以上、ただ学校のお手伝いをするだけではいけないのだが、こういった先生や生徒たちの活動に参加して手伝ったり、ともにいたりする時間が結果的には良い参与観察やインタビューを可能にしていたように思う。

4. おわりに

　フィールドに入り調査をしようとする際、調査者はただ1人で調査を実行するのではない。調査者は調査先と関係を作り、調査依頼をし、自らのイメージと調査先での実行可能性を考慮しながら調査を実行にうつしていく。

そして、調査のなかでフィールドの人びととともにいながら、フィールドの特徴を学び、時にフィールドの人びとに警戒されながら、それでも調査者であること、そこにいることの意味を説明し、調査を進めなければならない。

先述したように、フィールドにいるなかで調査者は不安を感じるかもしれない。しかし、その不安を過度に引き受けるわけにはいかない。フィールドでの調査という極めて貴重な時間は限られている。しかも、フィールドの人びとにはよそものである調査者とともにすごすという負担をかけているのだ。だからこそ、その貴重な調査の時間を、そこで得られる多くの知識を、逃すことなく記録し、自らの研究計画と照らし合わせながら研究をかたちづくっていくべきだろう。そして、それが最終的にはフィールドの人びとを含む多くの人に向けられた研究成果を生み出せるのではないだろうか。

【参考文献】
佐藤郁哉、2002、『フィールドワークの技法』新曜社。

【Further Readings】
Jay MacLeod, 1987, *Ain't No Makin' It : Leveled Aspirations in a Low-Income Neighborhood*, Boulder, CO : Westview Press.（＝2007、南保輔訳『ぼくにだってできるさ――アメリカ低収入地区の社会不平等の再生産』北大路書房）
　ウィリスなどの再生産論の先行研究を整理し問題関心を絞る手続き、調査の実施、そして調査対象者とともにすごすなかで、分析を進めていく過程が明確に書かれており、調査をする前に読んでおくと役に立つ。

第Ⅲ部　行ってみる

11　好きなもの研究の方法
あるいは問いの立て方、磨き方

東園子

これから紹介する調査をもとにして書かれた論文

東園子「女同士の意味──「宝塚」から読み取られる女性のホモソーシャリティ」『ソシオロジ』157号、2006年、91-107頁。

　この論文は、宝塚歌劇（以下、「宝塚」）の最大の特徴である女性だけで演じられることが、ファンにとってどのような意味を持ちうるのかを、インタビュー調査と参与観察調査をもとにジェンダー論の観点から考察したものである。宝塚のファンは上演される舞台の内容だけでなく、雑誌などのファン向けのメディアで紹介される舞台裏の様子にも関心を持っている。ファンは宝塚の舞台を観るとき、舞台上の世界と舞台裏の世界を重ねあわせ、物語で描かれる人間関係にファン向けのメディアで強調される劇団員同士の絆を投影する。それによって、劇団員同士の友情という、現代社会では表されにくい女同士の強い絆を舞台から読み取ることが可能になっている。

1．好きなものを研究してはダメ？

　卒業論文などを書くにあたって、自分の趣味や好きなものの研究（以下では「好きなもの研究」と呼ぶことにする）がしたいと思うのはよくあることだろう。だが、趣味を研究対象にすべきではないと指導教員に言われたり、自分自身でもそう思っている人は少なくない。たしかに、研究対象を好きだからこそおかしやすい失敗はある。けれども、私たちはどのようなテーマであれ、研究する前から対象との間に何らかの関係を（無関係という関係も含めて）結んでおり、何らかの感情を（無関心という感情も含めて）抱いている。シェリル・クラインマンとマーサ・A・コップは、「フィールドワークの分

析には、自分のアイデンティティ、イデオロギー、政治的見解が映りこ」(Kleinman&Copp 1993＝2006：39）むため、「フィールドワークするとき、私たちは、自分が誰で、何を信じているのかを考えなければなりません」と述べている（Kleinman&Copp 1993＝2006：38）。自分と研究対象との関係や対象への「好き」といった感情等が研究にもたらす影響を考え、その利点を活用しつつ欠点を克服することは、どんな研究でも必要なことである。好きなもの研究の短所と思われていることは、大きくとらえればすべての研究に共通する課題である。好きなもの研究は他の研究より特別難しいわけでも楽なわけでもない。

　本章では、自分が好きな宝塚歌劇とそのファンを長年研究してきた私自身の経験を踏まえて、好きなもの研究の弱みを抑えて強みを生かす方法を、特に問いの立て方に焦点をあてながら考えていきたい。研究とは、端的にいえば、問いに答えを出す営みである。論文は、冒頭部分で学問的に意義のある問いを示し、それに対する答え、すなわち結論を導き出して終わる。上手に問いを設定することは、研究をするうえで必須のテクニックだ。本章は基本的には、自分の好きなものや自分も当事者であることを研究しようとする人に向けたものだが、それ以外の人にも役立つ部分があるだろう。なお、以下では、「ファン」という言葉を「趣味の領域で何かを好きな人」という広い意味で使っており、その対象について愛着があるだけでなく、ある程度の知識を持っていることを前提にしている。

2. 研究すべきかどうか、それが問題だ

なぜ研究対象にしたいのか、それがまず問題だ

　自分が好きなものを研究したいと思ったとき、それを端からあきらめる必要はないが、安易に手をつけるのも考えものだ。好きなもの研究はうまくいかないと思われがちなのは、単なる偏見にすぎないのではなく、以下のような理由があるからだと考えられる。まず、研究対象が趣味と同じであるために、学問的な視点で研究を進めることができず、学術的な意義のある研究に

ならない恐れがある（危険性①）。また、対象に愛着があることで、研究に必要な客観的な見方や批判的な思考ができないかもしれない（危険性②）。趣味を研究対象に決める前に、こういった危険性を避けられそうかを吟味する必要がある。そのとき指針の1つとなるのが、「いい問いが立てられそうか」である。順を追って説明していこう。

　そもそも好きなものを研究したいと思った動機は何だろうか。もし「詳しく知っていることだから研究が簡単そう」と思っているなら、やめたほうがいい。楽な研究など存在しないが、一般的に先行研究が多くて学術的意義が認められている対象のほうが研究しやすい。趣味的なことの多くはあまり研究されていないので、参考にできる先人の成果が乏しく苦労しがちである。また、「好きなことを対象にしたら楽しく研究できそう」という理由の場合もよく考える必要がある。なぜなら、趣味としての面白さと研究対象としての面白さは別物だからだ。さらに、自分の趣味に関して「～だとわかってほしい」、「～を主張したい」と思って研究に取り組むと行き詰まることがあるようだ。最初から結論が決まっているならわざわざ研究する意味がないし、面白くもない。

　いずれにしろ、研究したい自分の趣味に対して、「～が知りたい」、「～を明らかにしたい」という気持ちがあるかどうかを考えるべきである。研究とは問いを立て、それに答えを出すものであるため、単に「よく知っている」、「好き」、「～が言いたい」というだけでは問いを思いつきにくいからだ。「どうしてもこの謎を解き明かしたい」と思えないとやる気も出ない。好きなものに関してそのような思いがないのなら、そう思える別の対象を選んだほうが、楽しくスムーズに研究できるだろう。

社会学的意義があるかどうか、それが次に問題だ
　このように調査を通して明らかにしたい疑問があるかどうかが重要なのだが、どんな謎でも研究するのにふさわしい問いになるわけではない。趣味の一環として興味があることを調べるならどんな問題を扱ってもいいが、卒業論文など学問として研究を行なう場合はそうはいかない。例えば、社会学の

11　好きなもの研究の方法

　研究として宝塚を対象にする場合、宝塚自体を知ることは目的にならず、宝塚という素材を通して社会のある側面について理解することが目的になる。そのような学問的な目的意識がないと論文にならず、不要な情報ばかりを延々と書き連ねてしまいがちだ。好きなもの研究では、論文の書き手が対象について詳しく思い入れがある分、文章に書けることはいくらでもある。だが、論文に書くべきなのは、あくまでも問いとその答えを理解するために必要な情報だ。問いとの関わりが示されない情報がどれだけ並べてあっても、読む側は「だからどうした」としか思えない。そうして論文に対して厳しい評価を受けると、書き手は「あんなにがんばっていろいろ書いたのに」という気持ちになり、双方にとって虚しさだけが残ることになってしまう。

　ただ、研究の出発点は学問的でない疑問であってもいい。例えば、「今、宝塚ファンに人気のある男役スターは誰か」を知りたいと思ったとする。これは宝塚ファンにとっては気になる話題だが、ファン以外の人にとってはどうでもいいことである。だが、論文の目的を「宝塚ファンに人気のある男役のタイプから、ファンの女性たちが現代社会を生きるなかで培ってきたジェンダー観を明らかにする」とすれば、学術的な論文になりうるだろう（本当にそのようなことが明らかにできるかどうかは要検討だが）。私の場合、もともと学部生のときに、「宝塚ファンの多くを占める女性たちは宝塚にどのような魅力を感じているのか」という素朴な疑問から研究を始めた。宝塚は「夢の世界」といわれていることから、ファンは現実では満たされないものを宝塚に求めているのではないか、その宝塚と対比される現実は女性が置かれている社会的な状況と関わっているのではないかと考えた。こうして、宝塚を素材にジェンダーという社会学的な問題を考えられそうだと思えた。このように、自分が解明したい疑問を社会学の問題に結びつけることが必要である。

　では、どうすれば社会学の論文にふさわしい問いが立てられるのだろうか。根本的には、授業や書物を通して、社会学とはどのようなことを問題にする学問なのかを自分なりに理解することである。もっと手っ取り早い方法としては、自分と似たような対象を扱い、自分の問題関心にあった（できれば社会学の領域の）学術論文を参考にすることだ。その研究では対象のどこに注

目し、どのような学術的な議論と関連づけているのかを押さえ、自分の対象にあわせてアレンジできないか考えるのである。場合によっては、「この研究でアイドルファンについて言われていることは宝塚ファンにもあてはまるのか」などと他の論文を真似しながら研究を進めることもできる。そうして自分の趣味について社会学的に意義のある問いが立てられそうだという見通しが持てれば、学術的な論文にならない危険性①は低くなる。

研究に支障が出そうなことを避けられるか、それも問題だ

では、対象に対して客観的視点や批判的思考を持てない危険性②にはどう対処すればいいだろうか。その鍵になるのも問いの立て方である。何かのファンであれば、好きだからこそどうしても見たくないもの、聞きたくないことがあるだろう。また、ファンとして冷静になれない話題や客観的な判断ができそうにない事柄もあるだろう。例えば、インターネットで好きなものに対する罵詈雑言を延々見続けると、多くの人は腹が立ったり気が滅入ったりしてやる気がなくなるのではないかと思う。そうした苦手なことや感情的になってしまうことになるべく接さなくてもいいような問いや研究方法（これは問いへの答えを出すのに適切かという基準で選択するものである）を考えるのだ。

繰り返しになるが、研究とは問いに答えを出すものである。答えを導くのに必要ならば、目に入れたくない資料も読み、嫌いな作業もやらなければならない。これを逆にいえば、答えを出すのに必要がないことは無理にしなくてもいいということである。もちろん研究をするうえで対象に関する知識は多ければ多いほどいいが、時間に限りがあるなかですべてを知るのは不可能だ。そのため、問いと密接に関わっていそうな事項を優先的に調べ、関連が薄そうなものを後回しにするのは正当なことだ。問いと研究方法を工夫して、研究に支障をきたしそうなことが研究に不要なものになるよう研究を設計するのである。

好きなもの研究であろうとなかろうと、自分の中にある、誤った結論に導きかねないバイアス（偏った見方）を排除しようと努めるのは研究に必要なことである。論文の結論＝答えを考えるときに「こうあってほしい」、「こう

だったら嫌だ」といった感情が入らないような問いを立てられそうだろうか。理性を失ってしまいそうなことをなるべく避けて答えを出せそうだろうか。もちろん、問いや研究方法を調節するだけでは、対象への愛着が研究に悪い影響を及ぼす可能性を完全になくせるわけではない。だが、そのリスクを減らすことはできるはずだ。

　ここまで書いてきたようなことがクリアできそうにないなら、自分の趣味を研究対象に選ばないほうがいいだろう。その理由は研究が失敗しかねないからだけではない。好きなものを研究対象にすることで、趣味の活動に差し障りが出たり、対象を嫌いになってしまうこともあるからだ。例えば、趣味仲間にインタビューしたり貴重な資料を借りたりする際に相手を怒らせて、友人を失う可能性がないとはいえない。自分が好きなものを冷静に分析したことで熱が冷めてしまったという話も聞く。好きなものについて知りたくないことを知って、「夢が壊れた」という思いをするかもしれない。特に、自分が好きなものは完全無欠であらゆる面が素晴らしいと思っていたい人は要注意である（「いろいろ欠点はあるけど、それでも好き」というファンのほうが研究には向くだろう）。また、趣味の最中に研究のことを思い出して没頭できなくなってしまうこともあるだろう。楽しく趣味を続けたいなら、下手に好きなものを研究しないほうが無難だ。もっとも私自身に関しては10年以上宝塚を研究しつつファンでもあり続けてきたので、必ずそうなるわけではない。危険性①②について真剣に考え、それを克服できそうだと思えたなら、好きなもの研究に乗り出せばいい。

3. 毎日がフィールドワーク

問いの立て直し

　研究を行なううえで、対象が自分の趣味であることは短所になるばかりではない。好きなもの研究の強みを生かしやすい局面の1つが問いを磨いていく過程だ。これまで研究にとって問いを立てることの重要性を強調してきたが、最初からいい問いを思いつかなくても気にすることはない。『フィール

ドワークの技法』(佐藤 2002)という本の副題が「問いを育てる、仮説をきたえる」となっているように、質的調査において、問いや仮説(＝予想する答え)は研究を進めるなかで育てて鍛えていくものだからだ。私たちが調査を行なうのは、問いへの答えを出すためであると同時に、問いそのものをより良くしていくためでもある(詳しくは佐藤(2002：第3章)を参照)。「このあたりのことを考えよう」という大まかな方向性が定まれば、まずは動き出すことだ。何の材料もなく頭をひねっているだけではいい問いは生まれてこない。

逆にいえば、問いは一度立てたらそれで終わるのではない。問いは「何を調べるか」という行動の指針になるので、最初に何の問いも設定しないわけにはいかないが、それは完成形ではない。とりあえず何らかの問いを立て、様々な文献を読んだり調査をして得られた情報をもとに問いを練り直し、それに基づいて新たな調査や読書をし、その結果によって問いを再考することを繰り返すことになる。

好きなもの研究においてこの問いを練る作業に役立つのが、自分自身のファンとしての経験や知識である。私の場合、最初の問いは先述のように「女性ファンにとって宝塚の魅力は何か」という雑駁なものだった。だが、宝塚の魅力など自分の中ですらたくさん存在するし、人によっても異なる。また、「舞台が華やかできれい」といった点からジェンダーの問題に展開させるのは困難に思えた。というより、もしそこから「女性はきらびやかなものに惹かれる傾向がある」などといえたとしても、そのことについて深く考えたいとはあまり思えなかった。私は宝塚の多様な魅力のどこかに焦点を絞ることにした。その過程で注目したのが、宝塚ファンは舞台上の出来事に舞台裏の出来事を重ねて宝塚の舞台を見ていることだった。そこに目を向けるようになった理由はいろいろとあるが、その1つが自分がファンとして経験したことである。

私はある朝、宝塚の公演のチケットを買うための行列に並んでいた。列の前後にいた私を含む数名で自然と会話の輪ができ、その中の1人が宝塚のスターに関する噂話を始めた。宝塚歌劇団は5つの組に分かれて公演を行なう

が、各組には主役を演じる男役のトップスターとその相手役を務める女役のトップスターがおり、「トップコンビ」と呼ばれている。舞台でいつも恋人役を演じている某組のトップコンビが私生活でもつきあっているらしいという噂だった。それに対して、別のファンが「へぇ〜、たしかにあの２人って踊ってるときでも「愛してる」って空気が出てますよね」と反応したのが興味深く思えた。トップコンビが舞台で踊るデュエットダンスは男女の恋愛を表現する踊りである。例えば、殺人犯を演じる役者が舞台で殺気を発していれば、普通はその役者が本当に人を殺したいと思っているのではなく演技だと見なすだろう。それと同じように、デュエットダンスを踊るトップコンビに愛しあっているような雰囲気があるのは彼女たちの表現力によるもので、実際の２人の間柄とは関係ないのではないかと私は思った。そのため、舞台上の表現を役者本人の人間関係によって理解しようとする発想が面白いと感じた。

　それからしばらく経ったある日、宝塚の舞台を観劇していて驚くことがあった。芝居の中でＡというスターが演じる主人公Ｘが、Ｂというスターが演じる友人Ｙと別れなければならなくなってＹの名前を呼ぶ場面で、ＡがＢ自身の名前を言ったのだ！　私はびっくりして周囲を見回したが、他の観客は特に動揺した素振りを見せることなくいつもどおりに舞台を見ている。なんということはない、単に私がそう思い込んだだけだったのだ……。私は自分がなぜそのような聞き間違いをしたのかをただちに了解した。ＡとＢは宝塚の養成学校に一緒に入学した「同期生」である。宝塚ファン向けのメディアでは、厳しい学校時代を共に過ごした同期生の間には強い絆があるとよく語られている。そしてＢはこの公演を最後に別の組に異動することが決まっていた。そのため、私は「仲の良い２人が離れ離れになってしまうのか……」と感傷的になりながら観劇していた。だからこそ、物語の中でのＸとＹの別れをＡとＢ自身の別れと同一視してしまったと考えられる。私は自分が台詞を聞き間違えるほど役と役者を一体化させて舞台を見ていたことに気づいて愕然とするとともに、先述したトップコンビの噂話について思い出した。かつて奇妙に思った、舞台上の人間関係を舞台裏の人間関係と同

第Ⅲ部　行ってみる

一視する見方を、自分自身も無意識のうちに行なっていたのである。
　私はこれらの経験から、こうした舞台の見方は宝塚ファンがよく行なっていることではないかと思うようになった。実際、調査を進めるなかでそのことを示唆する例を様々なところから見出すことができ、これは重要なポイントに違いないという確信を持った。そこから、そのように舞台を見ることでどのような効果があるのかを考えた。ファンが宝塚の舞台に重ねあわせているのは、同期生の絆といった宝塚歌劇団の女性たちの友情である。そこから、宝塚の分析を女同士の絆をめぐるジェンダー論的な問題に接続させて議論を展開できるのではないかと考えた。そのため、「女性ファンにとって宝塚の魅力は何か」という問いを、「宝塚が女性だけで演じられることは、女性ファンにとってどのような意味を持ちうるのか」という問いに立て直した（と、ここに一直線にたどり着けたかのような書き方をしているが、実際にはいろいろと回り道をしてかなりの時間がかかっている）。

ヒントは「あたりまえ」の中に

　このような私の発見のきっかけとなったのは、宝塚のチケットを買いに行く、舞台を観るという、ファンなら誰もがやっているようなことである。それらのごくあたりまえの行為の中にも研究のヒントは散らばっている。毎日がフィールドワークになるのだ（これが好きなもの研究のおもしろいところでもあり、しんどいところでもある）。私の論文は、言ってしまえば宝塚ファンがよくやりがちな「あるあるネタ」を分析したものだ。好きなものを研究する利点の1つは、対象と日常的に接するなかから様々なデータを集められることにある。また、自分も当事者の1人だと、外側からはうかがい知れない微妙な心の動きまで観察できる。先の私自身の聞き間違いの例でいえば、私は自分がなぜあのような勘違いをしたのかすぐにわかった。これは、私が私という1人のファンの思考回路を理解できたということである。そして、台詞を聞き間違えるぐらいに入れ込んでいたということは、そこが一宝塚ファンとしての私にとって大きな意味を持っていることを示唆している。もちろん、自分がファンとして感じたことがそのまま他のファンにもあてはまるわ

けではないし、論文に「自分はこのとき〜と思った。だから宝塚ファンは〜である」などと書いても何の説得力もない。だが、「他のファンはどうなのだろうか」と調査の中で検証する材料にすることはできる。

　では、どうすれば普段無意識的にやっていることの中から分析のヒントを拾いあげることができるだろうか。その1つが比較という方法である。上述のエピソードの場合、私は自分と他のファンを比べて、「自分と違うな」、あるいは「同じだな」と思ったことを糸口にしている。また、私は宝塚を研究するとともに、同じく同性同士で恋愛を表現するジャンルとして、今では「BL（ボーイズラブ）」として知られている、女性向けに男同士の恋愛的な関係を描くマンガや小説についても研究しており、つねに両者を比較していた。舞台上から舞台裏の人間関係を見出そうとする宝塚ファンの舞台の見方に注目したのは、アニメなどに出てくる男性キャラクター同士の関係から愛情を読み取ろうとする、BL好きの女性たちのまなざしと似ていると思ったからでもある。こうして宝塚とBLを比較することで、宝塚に対して独自の視点を持てるようになった。例えば、先に紹介したトップコンビがつきあっているという噂話は、一般的にはゴシップ好きな性質の表れだとかレズビアン的なものへの関心だとかと見なされることだろう。だが、私はBLというフィルターを通すことで、それらとは違うものとしても解釈できるのではないかと思った（詳しくは拙著（2015）をお読みくださいませ）。

　もちろん、私のように自分で別の対象を研究しなくてもいい。他の人の論文に書いてあることと自分が調べたことを比較をすることもできる。例えば、私は宝塚と共通点のあるものを考え、女性向けに恋愛を描くジャンルである少女マンガやロマンス小説の研究や、女性がかっこいい男性像に夢中になっている現象として男性アイドルのファンの研究にあたってみた。宝塚は演劇の一種なので演劇学の文献も読んでみたし、宝塚とは逆に男性が女性を演じる歌舞伎や異性装についての本も見てみた。また、ファン研究の1つとしてチェックしたプロレスファンの論文が参考になったりもした。自分の分析対象そのものについて書かれた文献が少なかったとしても、その中のある一面を取り出せば、似たところがあったり対照的だったりする対象がきっと見つ

かるはずである。

　また、自分の好きなものについてよく知らない人にとにかく話をしてみるのもいいだろう。趣味の世界では常識になっていることに驚かれたりして意外な反応が返ってきたら、分析の手がかりになるかもしれない。これも、ファンの見方とそうでない人の見方を比較し、自分の中の「あたりまえ」を相対化する方法だといえる。

　クラインマンとコップは、フィールドワークをするなかでの「自分の感じ方について考え、語り、書くことで、自分の経験を社会学的に筋道だてて理解できるように」(Kleinman&Copp 1993＝2006：117) なると述べている。これは好きなもの研究にも応用できる方法だ。研究において分析対象を好きであることは利用可能な1つの資源であり、対象への様々な感情は「分析のための道具」(Kleinman&Copp 1993＝2006：134) になりうる。しかしながら、それは万能の道具ではなく両刃の剣だ。自分の立場を生かすのも、それで研究を殺すのも自分次第である。対象に対して「好き」という感情があるなら、それを手なずけうまく利用してほしい。

4．ファンモードと研究者モード

　2節の最初に書いた、好きなもの研究が陥りがちな危険性①②は、最初にうまく問いを立てたとしても、その後の研究過程においてもつねにつきまとってくる。それを回避するポイントの1つは、ファンであることと研究することを両立させられるかどうかではないかと思う。私の場合、宝塚を純粋に楽しむファンモードの自分と、そんな自分自身ですら研究の材料にして宝塚に関することは何でも分析しようとする研究者モードの自分が、自分の中に同居しているような感覚がある。両方のモードが併存していることを心地悪く感じたり、いつもどちらか一方に傾いてしまう人は、おそらく好きなもの研究には向いていないだろう。ファンモードと研究者モードのバランスが取れないと研究がうまくいかなくなるからだ。

　私が調査の中で自分も宝塚が好きだからこそ失敗したなと思うのは、たい

ていが研究者モードでいるべきときにファンモードになってしまったときだ。例えば、宝塚ファンに対するインタビュー調査で相手の言葉に共感できたので、わかったつもりになって深い質問をしなかったら、後から相手の言葉が自分と違う考えに基づいているらしいことに気づいて後悔したことがある。また、研究に活用できそうな状況であるにもかかわらず、その場を楽しむばかりでよく観察したり相手に質問したりするのを怠り、またとない機会を逃したりもした。だが、逆に、ファンとして対象を心から楽しむことなく研究者モード一辺倒になってしまうと、好きなもの研究の利点を失うことになる。ファンと研究者という2つの自分がそろってこその好きなもの研究なのだ。

【参考文献】
東園子、2015、『宝塚・やおい、愛の読み替え――女性とポピュラーカルチャーの社会学』新曜社。
佐藤郁哉、2002、『フィールドワークの技法――問いを育てる、仮説をきたえる』新曜社。
Kleinman, S., & Copp, M. A., 1993, *Emotions and Fieldwork*, Newbury Park : Sage Publications.（＝2006、鎌田大資・寺岡伸悟訳『感情とフィールドワーク』世界思想社）

【Further Readings】
S. クラインマン／M. A. コップ『感情とフィールドワーク』世界思想社、2006年。
　好きなもの研究についての本ではないが、好きなものを研究することに対して理論武装する必要を感じた際に使えるだろう。好きなもの研究でなくても、フィールドワークでは調査者の感情が様々に動いて分析に偏見が入りそうになるが、それは自分の感情を無視しようとするから起こるのであり、調査対象への感情はむしろ分析の大きな手がかりになることを教えてくれる。

第Ⅲ部　行ってみる

12 刑務所で「ブルー」になる
「不自由」なフィールドワークは「不可能」ではない

平井秀幸

> これから紹介する調査をもとにして書かれた論文
>
> 平井秀幸「「解放性」ゆえの"収斂"、"収斂"ゆえの「困難性」」『刑務所処遇の社会学――認知行動療法・新自由主義的規律・統治性』世織書房、2015年、第7章（261-288頁）。
>
> 　本論文は、刑務所での薬物依存離脱指導のフィールドワークを通して、ある1人の女性受刑者の"苦悩"を描くものである。認知行動療法にもとづく当該指導では、出所後の薬物再使用リスク（例：悪友からの薬物使用の誘い）を、自己コントロール（例：リスク回避スキルの行使）によって回避することが求められる。彼女は指導を通して、「自分は薬物を前に無力な存在ではなく、自らの努力で回復できる責任主体なのだ」という自己イメージを築き上げていく。しかしそのイメージは同時に、自己コントロールだけでは避けようのない社会的リスク（差別や貧困、性的被害）の存在を彼女に気づかせ、責任主体として生きることの困難性に直面させるものでもあった。

1.「不自由」なフィールドワーク？

「フィールドワーク・ブルー」

> 最初は無我夢中で何も考えずにフィールドを動き回っていたんですが、最近、フィールドの人たちの言葉が気になるんです。みんな全然違うことを言うし、誰の話を聞いて、何を見ればいいのか……。自分のやりたい調査なんて、できるんでしょうか……？

12　刑務所で「ブルー」になる

　これは、卒論を書くためのフィールドワークを始めて数ヵ月の学生から持ち込まれる、いわば「お決まりの相談」である。例えば、とある福祉施設でのフィールドワークを開始した学生は、ほどなく施設の入所者（の家族）、スタッフ、外部支援者、オーナー企業といった多様な人々や組織――「フィールドの成員」と呼ぼう――が、実は同じ方向を向いて活動しているわけではないことに気づき、混乱してしまったという。彼は自らの悩みを「フィールドワーク・ブルー」と名づけたのだが、それはある意味言い得て妙だ。「マリッジ・ブルー」という言葉もあるが、「相手」（フィールド）との関係を深めるうちに、その多面的な姿（多様な立場や思惑を持つフィールドの成員たちの存在）に気づかされ、「私」（調査者）自身との距離のとり方をめぐって悩みが深まっていく。相手は私の「自由」（意のまま）にはならない――当たり前かもしれないが、重要な気づきだと思う。

フィールドでの「板挟み」？
　フィールドの成員たちの立場や思惑は、「同じ方向を向いていない」どころか、ときとして相互に対立・葛藤しあう可能性もある。やはり福祉施設を例にとれば、利益を重視するオーナー企業と、専門知を活用するスタッフとの間で目指すべき「支援」のかたちが葛藤する、といったことは十分考えられよう。もちろん、調査者自身にも調査の狙い（問題関心）があり、それがフィールドの成員たちの立場や思惑と合致する保証もない。「こういうフィールドワークがしたい」という調査者の思いと、「これをしてほしい」「これはしてほしくない」というフィールドの成員たちの思いがずれたり、ある人たちに寄り添おうとすると別の人たちとすれ違うことになるとき、調査者は「板挟み」になり、煩悶する。
　また、調査者が複数の場合さらに事態は複雑となる。読者のなかにも、大学のゼミや調査実習などで、自分以外の人と協力して「グループワーク」としてのフィールドワークを経験する（した）人がいるだろう。グループ全体をさしおいて自分の問題関心のみを追求すれば、「協調性に欠ける」とみなされ、他のメンバーとの関係がぎくしゃくしかねない。調査者はフィールド

第Ⅲ部　行ってみる

の成員たちとの間で「板挟み」になるだけでなく、グループのメンバー間で「板挟み」になるかもしれないのだ。

本章のねらい
　このように、フィールドワークにおいては様々な「不自由」が生じうる。そうした状況下でわれわれはいかに調査を進め、研究成果を産み出すことができるだろうか。本章ではこの点について、私（を含めた共同研究グループ）が実施した刑務所でのフィールドワーク経験――実はそれは私自身が抱えた「フィールドワーク・ブルー」経験でもある――を振り返りながら考察する。
　「フィールドワーク・ブルー」は、フィールドに「行ってみて」からしばらく経ち、調査者自身の問題関心がある程度明確になってきた時点においてこそ、深刻化する問題でもある。調査者は、フィールドの多様な成員たちと触れあうなかで自分の「やりたいこと」を見つけていくと同時に、自分の「やりたいこと」が見えてくるに従ってフィールドの成員や自分以外の調査者との距離や葛藤を自覚するようになる。その意味で、「フィールドワーク・ブルー」を必ずしもネガティヴな意味で捉える必要はない。

2．フィールドからの多様な期待に応える

刑務所へのフィールドエントリー
　私は、2005年10月から現在まで、30名以上の教育学研究者からなる「矯正施設における教育」研究会（以下、「研究会」とする）の一員として、法務省矯正局の協力のもとで複数の矯正施設（刑務所、少年院など）におけるフィールドワークを実施してきた。その出発点となったのが、課題論文のフィールドでもあるA女子刑務所での薬物事犯者向けの特別改善指導（「薬物依存離脱指導」。以下、「指導」とする）を対象に2006年8月から開始された調査である[1]。
　一般的なフィールドワークの教科書でも、なじみのないフィールドに入る場合は、そのフィールドの概要を知り、問題関心を明確化するために、まず

はフィールド全般に関して自由かつ網羅的に「全体観察」を行なうべきだとの指摘がよくなされる（箕浦 1999）。矯正施設は「全制的施設（total institution）」（Goffman 1961＝1984）といわれるように、24時間体制のもとで犯罪者処遇が行なわれる、外部から閉ざされた施設である。日本では先行研究も少なく、私も含めた研究会メンバーもそのほとんどは研究開始時点において刑務所に関する知識が不十分な"素人"状態だった。

　「セオリー通り」に考えれば、研究会の調査は全体観察からスタートすべきだったかもしれない。しかし、刑務所は矯正局が管轄する国家施設であり、当局の許可なく自由に全体観察を行なうことは難しい。また、当局からのリクエストにより、調査は指導の参与観察、指導担当職員やプログラムを受講する受刑者に対する数回のインタヴュー、に限定されることになった。

　要するに、私たちの調査ははじまりからして調査範囲上の「不自由」を抱えていたといえる。実は、A女子刑務所調査自体も、「新しい矯正プログラムである指導の開発・実施過程に参加して"専門家"としての意見を述べてほしい」ということで、当局から研究会側に提案された調査プランだった。「素人」のはずの私たちは、あらかじめ限定して示されたフィールドに「専門家」として「行ってみる」ことになったのである。

問題関心の明確化と「フィールドワーク・ブルー」

　とはいえ、2007年2月まで半年にわたって続いたA女子刑務所での調査を通して、研究会メンバーはフィールドへの理解を徐々に深めていった。例えば、調査を開始した頃、私は「受刑者の改善更生」などの言葉で（矯正用語としては）よく知られている「更生」を、「更正」と誤記してしまうことがよくあった[2]。当初は誤記を指摘されて恐縮するばかりだったが、調査が進むにつれ次第に誤記も減り、むしろ「なぜ「正」ではなく「生」と表記する（ことに拘る）のか」、「「更生」は矯正の現場ではどのような意味で用いられているのか」といった様々な疑問が湧いてきた。研究会は当局の指示に従って無我夢中に動いていた素人段階から少しずつ脱し、問題関心を明確化していった。

ここで、本章冒頭で述べた「フィールドワーク・ブルー」を思い起こしてほしい。実は、フィールドに親しむにつれて、研究会は学生たちと同質の悩みを抱えることになったといえる。私を含む研究会メンバーは、自分たち自身の「やりたいこと」が明確になってくるにつれ、フィールドの成員たちの多様性や、かれらの立場や思惑と研究会の問題関心との差異に気づくようになっていったのである。

研究会に寄せられる多様な期待

当時の研究会メンバーに特に意識されたのは、フィールドの成員たちから寄せられる3つの相異なる調査上の「期待」であった。

第一に、刑務所を管轄する法務省矯正局は、研究会の調査に対して「改革期の新しい矯正プログラムを外部専門家の立場で評価・検証してほしい」という期待を抱いているように思われた。研究会の調査が可能となった背景には、それまで閉鎖的なイメージがあった矯正を「開かれた矯正」に変え、情報公開・説明責任のニーズの高まりに対応しようとする行政上の意向が存在した。とはいえ、当局が研究会に期待しているのは社会に誤解されることも多い刑務所（やプログラム）の実態と機能を明らかにすることであり、「現状の批判」や「刑務所の暗部の暴露」などにまで及ぶ調査ではないように感じられた。こうした期待を意識した研究会には、「われわれの調査研究が、矯正教育に貢献することが求められるのは言うまでもない」（伊藤 2013：46）という暗黙の了解が生まれつつあった。

第二に、刑務所の第一線で処遇を担当する施設職員は、当局と同様の期待とともに、「安全かつ適正な施設・処遇運営を妨げないような調査研究を行なってほしい」という期待を有しているように思われた。施設や職員の立場から最も重要なのは、事故のない安全な拘禁環境、受刑者の人権・プライバシーなどに配慮したうえで、適正な刑の執行や受刑者の改善更生に資する処遇を提供することである。現場に不案内な調査者によるフィールドワークが「現場への無理解」に基づいたり「職員負担の増大」や「保安への障害」につながるとすれば、それは望むところではなかったはずだ（「全体観察」が許

第三に、受刑者からは「自分自身の課題やニーズの充足に専念したい」という強い思いを感じた。指導を受講した受刑者は懲役刑という自由の強制的剥奪を伴う状況におかれており、指導を利用して薬物依存から「回復」しようと望む者もいれば、指導期間中はなるべく問題を起こさずうまくやりすごしたいと思う者、そもそも指導に消極的な者など、そのニーズは実に多様であった。調査者には、そうした多様なニーズを汲みとること（少なくともそうしたニーズの充足を邪魔しないこと）が求められているように感じられた。

　こうした期待の背後にある成員たちの立場や思惑は、多様であると同時に互いに葛藤しあうものでもある。例えば、ある受刑者からインタヴューの際に指導への消極的な態度が語られたあと、次のような言葉をかけられたことがあった。「今話したことは書かないほうがいいですよ。先生（施設職員）にも内緒ね」。受刑者自身が、調査者は自分たちの言葉を論文に書かないほうがよい（なぜならそれは当局や施設の期待とは異なっているだろうから）、ということを自覚していたのである。受刑者にこのような気を遣わせていること、そして受刑者は「あなた方調査者は私たちの側の人間ではない」と考えていること、そうしたことに否応なく気づかされるようで、私は胸を締めつけられる思いがした。もちろん、当局や受刑者から直接「こういう調査をしてほしい／してくれるな」と言われたことは一度もない。しかし、誰よりも私たち自身が「多様かつ別様のフィールドからの期待にどう応えるのか」ということを厳しく問われていると感じるようになった。

「実践の記述」を行なう

　こうした状況下で私たち研究会が採用した方針は、「実践の記述」にもとづく研究を行なう、というものだったといえる。「実践の記述」とは、「フィールドの成員たちが実際にやっていること（実践）」を観察し、記述するということである。仮に「「更生」の評価」を研究テーマに設定するとすれば、「受刑者はいかにして自分が「更生」したと自己評価できるのか」や「施設職員は被収容者をどのように「更生」したと評価するのか」といっ

た問いを立て、指導における受刑者や職員の実際の言動をデータとして、か
れら自身が用いる評価の方法を記述していくのである。それに対して、受刑
者の特定の変化（例：贖罪意識の高まり、再犯をしないこと）を調査者の側が
「更生」と定義し、その基準に基づいて「受刑者は更生している／していな
い」、「職員による更生に向けた教育はきちんとなされている／なされていな
い」といったことを評価するのは――「「更生」の評価」の研究としてよく
あるのはこちらのスタイルかもしれないが――「実践の記述」ではない。

　「実践の記述」は、調査者側の基準に従った外部からの実践評価を直接的
には行なわない点で、また、実践現場で行なわれていることをできるだけ精
緻に言語化し、それを（いまだ誤解に基づいて矯正施設を捉えることの多い）
社会や（普段は自分たちのしていることをさほど意識しない）現場へ届けよう
と志向する点で、当局や施設の期待に沿うものであった。また、「実践の記
述」では実践内部のデータ（例：指導における受刑者や職員の言動）が重視さ
れるため、調査範囲が指導の参与観察と関係者へのインタヴューに限定され、
実践外部のデータ（例：受刑者の居室や工場での様子）が直接収集できない今
回のようなフィールドワークに適合的な方法でもあった。

　研究会は、A女子刑務所の調査や、それに続いて実施された少年院調査に
おいて、「実践の記述」に基づく数多くの研究成果を産み出していった（広
田・古賀・伊藤 2012）。矯正施設を舞台としたほぼ日本初の大規模な質的調
査として、研究会の取り組みには各方面から好意的な評価も得られた。制約
された調査環境下で、多様な（ときに葛藤しうる）フィールドの成員からの
期待に応えるような研究成果を産出する――研究会はこの難題を「実践の記
述」によって何とかクリアしたわけである。

3.「私」の問題関心をどうするか

受刑者の視点と指導への疑問

　しかし私はといえばその時期、ある1人の女性受刑者（課題論文でとりあ
げた受刑者――ここでは「Bさん」としよう）の「苦悩」に心を奪われ、なか

なか論文としての研究成果をまとめることができない日々を送っていた。暴力、差別、貧困などに囲まれた地域・家庭に育ったBさんには、男性による性的暴力下で薬物使用を強制された過去があった。指導では、「自己コントロールによる薬物再使用リスクの回避」が重視され、そのためのスキル教育が行なわれたが、いうまでもなく彼女がおかれた劣悪な社会環境や性暴力は自助努力によっては到底回避しえない社会的リスクであった。Bさんは指導に真面目に取り組み、そこで学んだスキルをいかして「回復」したいと望んでいたがゆえに、苦しんでいた。

実は、Bさんの苦悩は私個人の問題関心とも連動するものだった(だから、心を奪われたのだ)。逸脱や失敗は個人の責任であり、社会環境の整備・改善ではなくリスク回避スキルの向上という個人的努力によって乗り越えられるべきだ、とする風潮に私は息苦しさを感じており、その意味において彼女の苦悩に共感せざるをえなかった(もちろん、それ以外の点において私と彼女はかなり異なる、ということも同時に理解していたが)。指導は社会復帰の責任を受刑者に個人化していく側面をもっているのではないか、そして、「実践の記述」によっては指導のそうした側面に光をあてることができないのではないか——自分自身に問いかける日々が続いた。

「私たち」の問題関心と「私」の問題関心

私の問題関心をいかした研究をするためにはどうしたらよいか。実は私は一度、「実践の記述」から離れて、指導を正面から批判する学会報告を試みたことがある。リスク回避責任を個人化する指導を「受刑者への抑圧」や「社会環境の無視」と捉え、調査者(私)の基準から評価(批判)しようとしたのである。しかし、その草稿に対しては、法務省矯正局から修正意見が寄せられ、結果的には当該部分を削除した報告となった。先述したように当局がこうした研究と距離をとるのは至極当然であり、私の試みが失敗したのはやむをえない部分がある。

加えて、この出来事を通して私が認識したのは、研究会内部の問題関心のズレだった。なんとか学会報告を終えた直後、ある研究会メンバーから私の

報告は「研究会全体にとってマイナスとなる」ものだ、との指摘を受けた。なぜなら、私の行為は当局や施設側の期待を裏切り、調査研究そのものをストップさせかねないリスクをはらんでいたからである。研究会には、今後研究業績を積んでいかねばならない大学院生がいたし、国からの研究助成を受けていたため、期限内に調査報告書を提出する義務も負っていた。グループでの共同研究である以上、「私」の問題関心を押し通すことで「私たち」のプロジェクトを中止に追い込むことは許されなかった。

私はこの時期、フィールドの成員だけでなく「私たち」研究会メンバーとの間でも「板挟み」となり、1人「フィールドワーク・ブルー」から抜け出せないでいた。

4.「実践の記述」の枠内で、「私」の問題関心を追及する

「実践の記述」はそのままに……

失敗に終わった学会報告で私が試みたのは、「指導に外在する（調査者の）視点」から指導に対する批判的評価を下すことだったといえる。しかし、指導に対する批判的分析はそれ以外のやり方では不可能だろうか。例えば「実践の記述」のような「指導に内在する視点」に依拠しつつ、批判的分析を試みることはできないだろうか。

実は、課題論文はこうした問いにチャレンジするなかで生まれたものである。そこでは、指導におけるBさんの言動（の変容）を追うなかで、いかにしてBさん自身による指導への評価（困難性）が産み出されていくかが分析された。つまり、調査者である私が指導を批判的に評価するのではなく、Bさん自身の指導への批判的評価を記述しようとしたのである。具体的には、複数回の指導を受けるなかで、Bさんが指導に希望を見出しながらも徐々にそこで学んだやり方に不安や困難を覚えていく過程やメカニズムを書き留めることで、指導の問題点が浮き彫りになるような、そうした分析を試みた。

結果として、課題論文では当局や施設からの修正意見はほとんど寄せられなかった。「実践の記述」の枠内で「私」の問題関心（リスク回避責任の個人

化への批判）を追求する、という新たな視点への転換こそが論文執筆を可能にしたといえる。

あらためて、フィールドの成員たちに向きあう

ただし、課題論文の成功の要因は「視点の転換」ばかりではなかったと思われる。学会報告での失敗経験をいかし、他の研究会メンバーやフィールドの成員たちへの説明責任をこれまで以上に果たし、信頼関係を強化することに気を配った。機会があれば、研究構想や分析の方向性について研究会メンバーや現場職員の意見を聞き、締め切りの1ヵ月以上前に論文の草稿を当局に示したうえで、課題論文の目的がA女子刑務所の指導や職員の献身的努力の全否定ではないことを繰り返し説明した。

あらためてフィールドの成員たちの声に耳を傾け、相互の意志疎通を図ったことは、当局や施設が私の研究をかれらの期待と相反する「現場への無理解に基づく批判」と捉える危険性を減らすとともに、私自身にとっても、かれらが研究会に対して「現状肯定的」な研究ばかりを期待しているわけではないことを知る貴重な経験となった。当局や施設は、調査者の主観で根拠なく断定的な主張を行なったり、処遇に対して外在的批判を行なうことに対しては一貫して警戒的であったが、同時に「事実誤認や処遇の独断的・全面的否定につながる問題指摘でなければ歓迎したい」（実際にこれは矯正職員の1人にかけられた言葉である）という立場でもあった。調査者は研究成果を公表することで社会に向けて語ることができるが、フィールドの成員たちはそうした調査者の言葉（研究成果）を修正する機会を滅多に有さない[4]。だからこそ調査者は、自分の言葉が成員たちを貶めようとするものではないことを真摯に説明し、かれらの言葉に（仮に激しい応酬になったとしても）できる限り応答する責任がある。私の場合には幸運にも研究成果を公表する機会に恵まれたが、もちろん場合によっては「勇気ある撤退」（公表をあきらめること）も必要だろう。

5.「不自由」なフィールドワークは「不可能」ではない

「不自由」だからこそのやりがい

　刑務所というフィールドは、考えられる範囲で調査者にとって最も「行ってみる」ことが困難なフィールドの1つであろう。加えて、仮に「行ってみる」ことができたとしても、調査上の制約をはじめ、当局、施設、受刑者、他の調査メンバーといったフィールドの成員たちの（ときに葛藤しあう）立場や思惑は、本章で述べた通り、調査者にとって様々な「不自由」をもたらす可能性がある。

　しかし、それは刑務所に限られたことだろうか。広くヒューマンサービスが行なわれているフィールド（例：「福祉」や「教育」の現場）はどうだろう。被支援者と支援者の関係、管轄する公的機関と現場の関係など、もしかしたら刑務所のフィールドワークと似通った事態が起こるかもしれない。また、複数名で行なうフィールドワーク（例：助成金をもとに行なう共同研究、大学の研究室単位で行なう地域調査、講義やゼミでのグループワーク形式のフィールドワーク実習など）は、いまやそれほど珍しいものではなくなってきている。その意味で本章を「刑務所」のフィールドワークに特殊な話と捉える必要はない。

　本章で論じた私の経験からいえそうなのは、「不自由」なフィールドワークは「不可能」ではない、ということである。私自身、調査の過程で幾度もくじけそうになった。しかし、「不自由」なフィールドの中で調査研究の可能性を模索していく作業にやりがいを感じたのも事実だ。研究会メンバーによる研究や、私自身の課題論文での研究も、どちらも「不自由」の中でこそ緊張感を持って産出できた側面が間違いなくある。完全に「自由」なフィールドワークはおそらく存在しない。「不自由」の中でいかに有意義な研究ができるか――フィールドワークの1つの醍醐味はそこにある。

「批判的」な研究は不可能ではない

　もう1つ、本章の議論が示唆しているのは、フィールドの特定の成員たちの期待に合致しないように見える研究、言い換えれば「批判的」と映るような価値に基づく研究も決して「不可能」ではない、ということである。

　まず、フィールドの成員たちと向きあうなかで私が知ったのは、当局や施設の期待が必ずしも「現状肯定的な研究以外は認めない」といったものではないということだった。そしてかれらのほうも、私の研究が即時的に実践に「役立つ」ものではないにせよ、別の学術的・社会的貢献をめざそうとするものであることを理解していったはずだ。成員からの期待を調査者自身が先回りして決めつける前に、やれることはたくさんある。

　また、課題論文での取り組みは、「実践の記述」の枠内で批判的研究を遂行することが十分可能であることを示唆している。もっとも、ここで注意しなければならないのは、「実践の記述」は「内在的視点」を重視するが、それは価値中立的であることを意味しないという点である。課題論文がBさんという特定の受刑者の「リスク回避責任の個人化への批判」という価値に基づく「実践の記述」であったように、私以外の研究会メンバーの「実践の記述」もそれとは異なる別の価値に基づく研究にほかならない。そして、特定の「内在的視点」が帯びる価値は、筆者（課題論文であれば、私）の価値と切り離すことはできない。

　たしかに、刑務所のような国家施設を対象としたフィールドワークにおいて批判的研究を行なうのは困難に違いない——下手をすると調査中止どころか、立入禁止になってしまうだろう。しかし、社会学者であり、著名な犯罪研究者でもあるニルス・クリスティは、「犯罪学者には、国家権力や刑事体制に関連したところで働いている者がいる。人間の基本的価値を否定するための苦痛を宣告する技術者になってしまう危険性もある。他方、権力の近くにいることが財産になることもある。諸価値や市民性に照らして、刑事体制がおかしくなっていることを国家に知らせることができるのである」(Christie 2004＝2006：162) と述べている。刑務所の批判的フィールドワークは、「権力の近く」だからこそ意義を持つ側面が確かにある。

読者へのお願い

　本章の最後に、読者に向けて1つだけお願いをしておきたい。それは、フィールドワークの「不自由」に臨むうえでの調査者個人の「スキル」や「自己責任」の重要性を論じたものとしてのみ本章を受けとることは、できれば避けてほしいということである。一見すると私の経験や本章の議論は、私自身が課題論文を通して批判した当のものである「リスク回避は個人的努力によってなされなければならない」というメッセージと共振してしまうようにも思われる（=「不自由」なフィールドワークが「可能」になるかどうかは調査者の個人的工夫と努力にかかっている！）。しかし、私はフィールドワークの「不自由」への対処責任を調査者個人にのみ帰責するつもりはない。

　もちろん本章での私の経験が「フィールドワーク・ブルー」への唯一の回答というわけではないし、調査者個人の関心や調査者がおかれた状況によって、「不自由」なフィールドワークへの取り組み方は多様でありえる。とはいえ、「不自由」を個人的工夫や努力のみによって乗り越えようとする調査者は、結局のところBさんや学会報告に失敗した頃の私と同様の「苦悩」にとらわれ続けてしまうのではないだろうか。フィールドワークの「不自由」は調査者ひとりが対処すべきリスクではなく、フィールドの成員たちをはじめ、研究者コミュニティや一般社会のメンバーも巻き込み、「（望ましい）調査とは何か」をめぐるイメージのズレや葛藤それ自体についての議論を重ねるなかで対峙すべきものかもしれない。本章が、個人的な「ブルー」にどう対処するかをめぐる議論だけでなく、より「自由」な学術的関心の追求が可能となるような調査（=社会）環境づくりに向けた議論の土台となれば幸いである。

注
1)　明治以来約100年にわたって存続した監獄法の改正（2005年）を契機として、刑務作業のほかに改善指導と教科指導を規定した「矯正処遇」が新たに制度化された。改善指導の1つである特別改善指導は、「薬物依存がある」「暴力団員である」などの事情により、改善更生および円滑な社会復帰に支障があると認められる受刑者に対し、その事情の改善に資するよう特に配慮して行なう改善

指導である。現在、「薬物依存離脱指導」を含めた計6類型の指導が実施されている。
2) ある矯正職員にたずねると、このミスは矯正外部ではよく見られるものの、矯正内部の人間であれば新卒1年目の新人でも犯さない初歩的なミスとのことだった。
3) ゆえに、「全体観察」が許可されなかったことを当局の組織的隠蔽主義などとのみ捉えてはいけない。「全体観察」は施設にとって大きな負担になると同時に、受刑者の個人情報を流出させるリスクをはらむ。また、矢部（2009）も述べるように、興味本位のセンセーショナルな取材（調査）の対象となりやすい矯正施設は、情報公開に慎重にならざるをえない部分がある。
4) 研究成果として一度公刊されてしまえば、その内容は「フィールドの成員たちも認めた事実」として流通してしまう。当局や施設はときに研究会メンバーが犯す細かな事実誤認（本章でも述べた「更生」の誤字が1つの好例だろう）に対して過敏とも思える反応を見せたが、それはこのことと関係している。特に質的なフィールドワークの場合、研究成果は必ずしも当該フィールド（ある刑務所における特定の指導）を超えて一般化できるものではない。フィールドの成員たちの声に耳を傾け、こうした事実誤認を1つずつ修正していくことは、フィールドとの信頼を強化し、調査者自身の問題関心を追求しやすくするだけでなく、研究成果の質を高める意味でも重要である。

【参考文献】

Christie, N., 2004, *En Passende Mengde Kriminalitet*, Oslo: Universitetsforlaget.（＝2006、平松毅・寺澤比奈子訳『人が人を裁くとき――裁判員のための修復的司法入門』有信堂）

Goffman, I., 1961, *Asylums: Essays on the Social Situation of Mental Patients and Other Inmates*, New York: Doubleday.（＝1984、石黒毅訳『アサイラム――施設収容者の日常世界』誠信書房）

広田照幸・古賀正義・伊藤茂樹編、2012、『現代日本の少年院教育――質的調査を通して』名古屋大学出版会。

伊藤茂樹、2013、「フィールドワークから見えてきたもの」広田照幸・後藤弘子編『少年院教育はどのように行われているか』矯正協会、37-48頁。

箕浦康子、1999、『フィールドワークの技法と実際――マイクロ・エスノグラフィー入門』ミネルヴァ書房。

矢部武、2009、『少年院を出たあとで――更生できる人、できない人の違い』現代人文社。

【Further Readings】

平井秀幸『刑務所処遇の社会学——認知行動療法・新自由主義的規律・統治性』世織書房、2015年。

　本章でとりあげた課題論文が収録された書。課題論文での議論からさらにふみこんで、リスクの自己コントロールの「困難性」を解消していくための方途が、フーコーの統治性論や新自由主義への批判理論といったマクロな視座から検討されている。

G. Sykes, *The Society of Captives*, New Jersey : Princeton University Press, 1958. （長谷川永・岩井敬介訳『囚人社会』日本評論社、1964年）

　半世紀以上前のアメリカの事例であるが、刑務所の古典的フィールドワークとして現在でも一読に値する。本章では刑務所社会の成員間の葛藤に注目したが、本書では、施設側の「秩序ある拘禁を確保する」という思惑が受刑者側の「男らしさをアピールする」というニーズと一致する、という興味深い事実が指摘されている。

浜井浩一『刑務所の風景——社会を見つめる刑務所モノグラフ』日本評論社、2006年。

　筆者が職員として刑務所に勤務していた時期に実施したフィールドワークをもとに書かれたエスノグラフィ。職員の立場でなければ得られない貴重なデータを使って、社会的弱者が増加している刑務所の現実を鋭く描き出している。

13 仕事場のやり取りを見る

「いつもこんなかんじでやっている」と「いつもと違う」

秋谷直矩

> **これから紹介する調査をもとにして書かれた論文**
>
> 秋谷直矩「観察のための撮影」南出和余・秋谷直矩『フィールドワークと映像実践——研究のためのビデオ撮影入門』ハーベスト社、2013年、37-63頁。
>
> 　本論文は、起業プランコンテストにおける起業コンサルタントと起業希望者間で定期的に複数回なされた、起業プランをよりよいものにするために開催された会議を対象にしている。特に注目したのは、会議において、参加者間で情報共有をするために用いられる「紙」である。そして、そこでの情報共有の仕方および社会関係の取り結び方の一端を明らかにした。同時に、実際の調査プロセスを示すことにより、フィールドワークにおけるビデオカメラ使用の「方法」も紹介した。特に、ビデオカメラをどのように置くか、撮影中のビデオカメラの扱いをどうするかということについて述べた。

1.「ふつう」に会議が始まる——ふつうにって何？

とある会議の一風景

　「そろそろ始めましょうか」と誰かが言う。会議開始の合図だ。それまでめいめい他愛もない話をしていた人たちは話をやめ、自分たちの席で身をただす。そして誰かが「それでは、これ、今日の資料です」と、卓上の紙の束を取り上げながら言う。それへの注目が集まったのを確認してから、おもむろに言う。「えっと、前回までの議論を踏まえて、プランを練りなおしてきました。資料の1ページ目を見てください」。いつもと同じ始まり方だ。
　——これは、私が調査に入っていた仕事場の会議の一コマである。参与観察をしながら、この場面をビデオカメラで撮影していた。そして、調査後に自

宅に帰って、ビデオカメラを繰り返し見つつ、その場面について、私はこんなかんじでフィールドノートを書いたのだった。

ふつうであること／ないこと

　会議開始の合図をし、配布資料を配り、それをベースに説明を始める——この流れはあまりにありふれていて、どこに検討すべき意義があるのか疑問に思うかもしれない。しかし、「配布資料を配る」ということ1つとっても、会議という状況に合った独特のやり方があって、それを何か妙だなと思われずにうまくやることは、会議を「ふつう」に進めていくうえで重要なことである。つまり、そこには「ふつう」なものとしてうまくやる「やり方」がある。では、それはどのようなものだろうか？　また、調査者がそれを「ふつう」だと言えるようになるのは、よくよく考えると難しい。何をもって、そしてどうやって、特定の活動を「ふつう」だと言えるようになったのか？

　本章では、これらの点について取り組んだ私自身の調査事例を紹介する。見ていくのは、冒頭に事例として出したような「会議の始め方」だ。そこでの分析的視点・分析の示し方・そしてこのような些細なことを研究対象とする意義について、以下紹介する。

　なお、筆者は社会学のなかでもエスノメソドロジーという立場から研究をしており、本章もそれに即したものになっている。エスノメソドロジーとは、人びとがこの社会の一員として生きていくために用いている方法・方法論と、それの研究両方を指す言葉である。「方法・方法論」の範囲は、人びとが実際にやっていることであればおおよそなんでも入る。「一見非常に些細なことのように思えること」もそうだ。本章はその1つの事例として読んでもらいたい。読後、「こんな些細（に思える）ことからこんなにいろいろなことがわかるのか」ということと、「「わかったことを書く」って、こんなトリヴィアルな対象であってもそう簡単にはいかないのだな」ということを実感してもらえれば幸いである。

2.「いつもこんなかんじでやっている」を紐解く

「いつもこんなかんじでやっている」――どうやって？

　私が調査に入ったのは、コンサルティング会社が運営する起業プランコンテストだった。その起業プランコンテストで特徴的だったのは、「ブラッシュアップミーティング」という会議が起業プランコンテスト内に設定されていたことだった。これは、各起業希望グループにつき、計5回開催される。そこでは、すでに一度提出した起業プランをよりよくするために、審査には関わらないコンサルタントと起業希望グループの間で、対面方式で議論が行なわれる。

　場所は会議室である。大きな会議机を挟んで、差し向かいでそれぞれが座る。ふつう、会議の冒頭部分で起業グループ側から、前回までの会議で出た修正事項を反映させた起業プランが書かれた紙の資料の配布と、それに対する説明がなされ、それをベースに議論が展開していく。

　さて、いまここで私は「ふつう」という言葉を何のことわりもなく使用した。「ふつう」という言葉を用いることで、上述した特定の出来事が「たいていの場合そのような流れになる」ということを述べようとしたのだった。これは、私が調査に入っていた時期のフィールドノートにもそのようなことが書かれている。これは冒頭に書いたとおりだ。

　実は、これは非常に重要なことである。私は調査を進めるなかで、どこかで当該場面の人たちにとって「ふつう」だとされていることを学んできたようだ。だから、特定の出来事に対して、自信をもって「ふつう」とフィールドノートに書いたのだろうし、その経験をもって、今しがた、やはり私は「ふつう」と述べたのだろう。しかし考えてみれば不思議である。私はどうして、先ほど紹介した場面を「ふつう」と言えたのだろうか。

　この点について考えるために、私が調査後、最初にやったことを紹介しよう。それは、フィールド調査を進めるなかで私が理解した、当該場面の人びとにとっての「ふつう」、つまりパラフレーズすれば、「いつもこんなかんじ

でやって」いて、おそらく「これからもそうするであろう」こと——これがどのようになされているのかを紐解く作業である。

　今振り返ってみれば、この作業は、①当該フィールドに参加していない人にも特定の出来事がフィールドの人びとにとって「ふつう」であることを説得的に示すことと、②「ふつう」であることを成し遂げる人びとの「やり方」、この2点を明示するうえで非常に重要な手続きであった。この点について、私が実際にやった作業の一部を紹介しよう。

「いつもこんなかんじでやっている」の詳細

　まず、フィールドノートに「ふつう」のこととして私が当時書いていた活動を以下に簡単にまとめることから始める。

　図1にあるように、「配る」という行為は、何かを渡し、共有することだということがわかる。そこでは、配る側である起業希望者は、「資料です」ということで、配布するものがその場においていかなるものとして扱うべきかを意味づけることもしている。それが完了したあと、コンサルタントによる「始めましょうか」という発話によって、会議は開始される。その直後、起業希望者Aは「前回どこまでやったかというと」と述べることで、配布された資料がいかなるコンテクスト上にあるものとして取り扱われるべきかをアナウンスしていた。それがひと通り終わった後に、起業希望者Aは、配布した資料を取り上げながら、「(前回の課題について) 考えてきました」と言い、新しいアイディアについての説明を開始する。こうした発話と身振りの協調により、資料に書かれていることと口頭で説明されることを関連して聞けるようになる。同時に、それは新規情報であるということが参加者間で了解される。こうした流れに対して、先ほど私は「ふつう」だと言ったのだった。

「ふつう」であると主張することのむずかしさ

　私がフィールド調査を経て理解した、フィールド先の人びとにとって「ふつう」だとされているであろうことを詳細に記述してみた。だけど、これが

13 仕事場のやり取りを見る

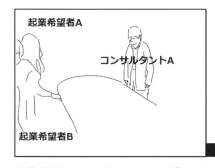

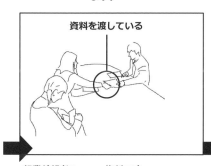
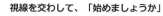

図1 「ふつう」の流れ

「ふつう」であることをどうすればこのフィールドに入ったことのない人たちに説得力をもって説明できるだろうか？　これは案外難しい。誰が見ても常識的なやり方に見えるから？　たしかに今記述した事例は多くの人が実際にやったことがあるだろう。でも、フィールド先の人たちにとっては「ふつう」のことでも、そうじゃない人たちには「ふつうではない」ことなんて山ほどある。

　「ふつう」というタームを使うとき、フィールド調査においてはつねに

「フィールド先の人びとにとっての」がくっついている。このことを重視するなら、「誰が見ても常識的なやり方に見えるから」という答え方は、「フィールド先の人びとにとっての」に必ずしも対応したものにはならない。

では、数を数えればいいのか？　会議の開始場面を100例集めて、80例がAという進め方だったので、Aという進め方は「ふつう」だと言えます——これは一見正しそうに見えて、どこか変だ。数を数えることで傾向性を見出すのは非常に重要な方法だが、どんな対象にもそのやり方が適切なわけではない。先の事例でいえば、その場面の人たちはそんなことをしなくても、あるやり方を実際に「ふつう」なものとして扱っている。そうだからこそ、参与観察者である私も、そこで過ごした結果、いつしか「いつもこんなかんじでやっている」と言えるようになっている。別に数を数えて学んだわけではない。

今大事なことを述べた。「当該場面の人たちは、いろんな場面の数を数え上げたりしなくても、あるやり方を実際に「ふつう」なものとして扱っている」のだ。ならば、当該場面の人びとがほかでもないそれを「ふつう」なものとして扱っていることを示せばよい。

ではどうすればいいのか？　いろいろなやり方が考えられそうだが、ここでは、「ふつう」と対になるような「トラブル場面」と並べてみるというやり方を紹介する。両者を並べることで、ある特定のやり方の「ふつう」さが際立つようになる。ただ、このやり方はちょっと注意が必要だ。この点について順を追って説明しよう。

3.「いつもと違う」を紐解く

「いつもと違う」——どの点で？

トラブル場面といっても、それは、なにか深刻な事件や事故が起きた場面のことではない。「いつもと違う」ことが起きた、ぐらいの意味で捉えてほしい。先に、私は「ふつう」と記述した出来事に対して「いつもこんなかんじでやっている」という言い方をした。フィールドワークを進めるなかで、

「いつもこんなかんじでやっている」が把握できるようになるということは、同時に、どのようなことが当該場面の人びとにとって「いつもと違う」ものなのかもわかるということではないだろうか。

　この場合に重要なのは、当該場面の人びとと私が、「いつもこんなかんじでやっている」と「いつもと違う」が具体的になにに基づいて分類できるようになっているのか、ということだ。これを検討するためには、「いつもこんなかんじでやっている」と「いつもと違う」を並べて、両者の差異と結びつきを見ていく必要がある。その舞台を整えるために、フィールド調査の経験を踏まえたうえで、今度は「いつもと違う」と指摘しうる事例を対象に、その詳細を書き出してみる作業を行なう。実際には、次のようなかんじで行なった。対象場面は、図1の1週間後に開催された、同じメンバーによる会議である。

「いつもと違う」の詳細

　この場面（図2）は、配布資料の存在をチラチラ見せつつも、なかなか配らず、何度も言いよどんだりしながら「前回の宿題をやってこなかった」ということを述べているところである。資料をなかなか配らないところ、ここが先の事例と対照的なところだ。ここでのやり取りは、ビデオカメラで撮りつつ私もその場で見ていた。そしてこのとき、なにか「いつもと違うことが起きた」と思ったのだった。

　なんとなく、雰囲気が違う。いつもはもっと両者闊達な感じで会議は始まるのだが、どうもどこか重苦しさがある。言いよどみながら、それでもなかなか資料を配らず言い訳をしている。——なるほど、違和感はこれだ。より細かくいえば、「資料をすぐに配らない」という振る舞いを構成している発話や身振り、これである。

　これは私だけがそう感じたのではないことは、後でビデオを見なおしてよくわかった。起業希望者の、資料を配りそうで配らないという振る舞いは、「前回までの復習」から「宿題をやってこなかった言い訳」へと移行していく過程とリンクしているように見えた。それに対峙しているコンサルタント

第Ⅲ部　行ってみる

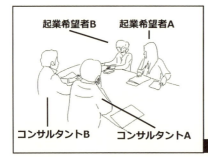

起業希望者A　：よろしくお願いしまあす。
起業希望者B　：よろしくお願いします。
コンサルタントA：よろしくお願いします。
コンサルタントB：よろしくお願いします。
起業希望者A　：何か、ある、えっと、前回の。
コンサルタントA：はい。
起業希望者A　：簡単なまとめとしては、ええ。
起業希望者B　：考えてきました。

起業希望者A　：課題、課題が、まず具体性に欠けるっていうことと。
コンサルタントA：うんうん。

起業希望者A　：その、実際に、それに参加したときに、人の、どういう動きがあって、どういう気持ちの変化があるのっていうような課題をいただいていて、それを考えては来たんですけど。
コンサルタントA：はい。

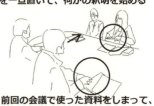

起業希望者A　：ただ正直なことを言うと、いま、すごく悩んでいて。
コンサルタントA：うんうん。

図2　「いつもと違う」流れ

は、「前回までの復習」を起業希望者が話しているときは手元の別の資料を見たりしているのに、「宿題をやってこなかった言い訳」が始まった瞬間に顔を上げ、別の資料をいじっていた手も止めていた。つまり、なにか異常事態が起きたことを理解しているように見えた。このように、私だけでなく、当該場面の人びとにとってそれは「いつもと違うこと」として理解できる手続きだったというわけだ。

　もちろん、資料を配る前に長々となにか前置きをすることが「ふつう」だとされている会議をやっている組織もあるだろう。問題はそういうことではなく、今まさに、この場に参加している人たちにとって、「資料をすぐに配らない」ということが「いつもと違う」と理解されているということだ。

　こうした記述をすることによって、フィールド調査中に私自身が感じていた「いつもと違う」がひとりよがりなものではなく、当該場面の人びとにとってもそうであることが確認できるようになった。さて、このような作業をするのにどのような意義があるのだろうか。

4.「いつもこんなかんじでやっている」と「いつもと違う」の結びつき

　「いつもこんなかんじでやっている」は、その活動にかかわっている人びと自身による普段のやり取りのなかで作り上げられるものだ。そして、いつのまにか「いつもこんなかんじでやっている」が作り上げられると、それ以外のものが「いつもと違う」ものとして彼ら自身区別できるようになる。そうなることは、彼ら自身がより円滑に活動していくうえで非常に重要なことだ。彼らの活動に参与している調査者も、「いつもこんなかんじでやっている」を彼らが活動を通して作り上げる時間を共有することによって、「いつもこんなかんじでやっている」と「いつもと違う」を、当該場面の人びとと同じように区別できるようになる。

　さて、ここで注目したいのは、「いつもこんなかんじでやっている」と「いつもと違う」は表裏一体の関係にあって、結びついているということだ。「いつもと違う」ことが起きたということは、当該場面の人びとにとって、「ふ

つう」なことが何らかの要因で揺るがされたということでもある。言い方を変えると、当該場面の人びとは、「ふつう」がどのようなものかを知っているからこそ、それが揺らいだとき、そこでのやり取りを「いつもと違う」ものとして理解し、「いつもと違う」ものとしてさまざまなつじつまあわせをしながら、やり取りを組み立てていくことができる。

このようにして見た場合、「いつもこんなかんじでやっている」と「いつもと違う」、どちらも、「ふつうであることとはなにか」ということに当該場面の人びとが非常に強く指向しているものとして見ることができる。

先に、「いつもこんなかんじでやっている」という観察結果から、そこで指し示したやり取りの流れや振る舞いが、当該場面の人びとにとって「ふつう」だと主張することの難しさについて触れた。そこで、「いつもと違う」事例と並べることが価値をもつ。つまり、「いつもこんなかんじでやっている」と「いつもと違う」それぞれの事例において、共通した「ふつう」に指向していること、このことが示されればよいのである。すぐに資料を配らなかったことが、当該場面の人びとにとって「いつもと違う」ものとして理解されている。となれば、やっぱりすぐに資料を配るということが彼らにとって「ふつう」のことなのだ。このようなかたちで、フィールド先の人びとにとっての「ふつう」がなにかを主張することができる。それは同時に、調査者の私が当該場面に対して「ふつう」と記述できたことの論拠にもなる。

こうした手法では、「いつもと違う」は単なる逸脱事例として捨てていいものではなく、取り上げるべき重要な事例となる。「いつもと違う」は、「いつもこんなかんじでやっている」という理解を支える、非常に重要な事例なのである。

5. おわりに——なぜ私はこんな作業をしてきたのか

「記述できてしまうこと」を検討する

ここまでで私がやった手続きは、当該場面の人びととそれを観察していた私にとって、「ふつう」だと認識できていることを、このフィールドに参加

していない人にも理解可能にするやり方だった。

　じつは、このプロセスは、フィールドノートに調査中に起きたことや知り得たことを記録するという作業と、それを通して、フィールド先の人びとが自分たちの活動を理解し、特徴づけるやり方を明らかにするという作業の関係を考えるうえで非常に重要である。

　本章冒頭で私は、「……ふつう、ミーティングの冒頭部分で起業グループ側から、前回までのミーティングで出た修正事項を反映させた起業プランが書かれた紙の資料の配布と、それに対する説明がなされ……」と場面の記述をした。この場面で起きていたことをシンプルに記述するなら、「紙が配られ、１人の人が話し始めた」でも間違いではないはずだ。でも、フィールドノートにはそのようには書かなかったし、この場面を本章であらためて再記述した私もこんなシンプルな書き方はしなかった。私がやったのは、「紙が配られ、１人の人が話し始めた」ということが、どのような活動のなかに埋め込まれているのかということと関連付けた記述実践であった。むしろ、調査を経た私がこの場面を記述するとき、「紙が配られ、１人の人が話し始めた」とシンプルに記述して終わらせることはもはやできそうにない。それだけで終わらせられないのは、調査を経て、いろんなことを理解してしまっているからだ。

　大事なのは、フィールド調査を経た結果、「……ふつう、ミーティングの冒頭部分で起業グループ側から、前回までのミーティングで出た修正事項を反映させた起業プランが書かれた紙の資料の配布と、それに対する説明がなされ……」と、ほかでもなく私が記述できるになっていること、これがなによって可能になっているかである。この点を探求することは、フィールド先の人びとの活動を特徴付けている諸々を具体的に明らかにすることと繋がる（前田 2005；前田ほか 2007）。そこでは、「「ふつうであること／ないこと」が何か、そしてそれはどのような構造・関係を持つものなのか」が示される。同時に、本章で示してきたことを行なうことで、フィールド先の人びとによる、「ふつうであること／ないこと」を行なう「やり方」が、具体的な手続きを伴って示されるのであった。

本章で取り扱ったのは非常に細かな、言ってしまえばトリヴィアルなことだったが、この考え方は様々な社会学的テーマを掲げたフィールド調査の多くに当てはまることだと思う。

実践の記述と参与観察とビデオカメラ

さて、ここまでで私が述べたことを実行する際、フィールド先の人びとの実践のビデオ撮影と、その視聴が大きな役割を果たしている。もちろん、本書の他の章を見てもらえばわかるように、フィールド調査にビデオカメラを持ち込むのは決して「当たり前」ではないし、フィールドの事情によっては、そもそもそうすることが適切ではないこともある。そうしたことを踏まえつつ、フィールド調査にビデオカメラを持ち込むことのメリットを簡単に述べておこう。メリットをシンプルに述べるなら、「繰り返し見ることができる」ということになる。問題は、何のために、何を「繰り返し見る」かだ。

本章で見ていったことに即して述べるなら、以下のように説明できる。参与観察を通じて、調査者である私が「いろいろわかった」からこそできてしまう場面の記述。それは、どのような理解を前提にしてなされているのか。このことをあらためて、リフレクシヴに見ていくためのツールとして、ビデオ映像は使えるのである。

「紙が配られ、1人の人が話し始めた」という記述は、ミーティング以外の場面にも適用可能である。しかしそれが、ほかでもなく「ミーティングの開始の明確な合図」であり、かつ「フィールド先の人びとにとってそれがふつうなものとして」扱われていること。これを具体的な手続きと併せて読者に提示していくためには、当該場面を繰り返し見て、そこで起きていることを記述していく作業が必要である。そこでビデオ映像が役に立つというわけだ。

ただ、先に述べたとおり、こうした作業にビデオカメラが必ずしも必要なわけではない。また、ビデオカメラで撮影していれば、調査者はフィールドで何もしなくてよいというわけでもない。あくまでも、参与観察と併用して用いることが肝要である。

ここから研究はもっと面白くなる

　ここまでいろいろ述べてきたが、やはり「些細なことすぎて面白くない」と思う人もいるだろう。だが、本章のような取り組みは、様々な発展可能性をもっている。この点について簡単に述べて、本章を締めよう。

　例えば、そこでの話し方、発話のデザイン、身振り、道具の使い方、アイデンティティの示し方といったもののひとつひとつに、より焦点化して見ていくことだ。「ふつうであること／ないこと」をするには、これらの細かなものそれぞれに、それを可能にする「やり方」がある。そして、それらが組み合わされることによって「会議」という活動になっているわけだ。これら細かなことの詳細に注目することは、他ならぬ特定の集団における「会議」という活動を理解することに繋がっていく。となれば、研究対象になるものは、まだまだたくさんある。そのひとつひとつを明らかにしていけば、調査対象の活動が、どのようなやり方で組み立てられているのかがはっきりとわかっていくはずだ。そうしたことを積み重ねていくうちに、私たちの社会は、こうした細かな、しかしうまく組み立てられた様々なものによって成り立っていること、このことを実感することができるようになるだろう。

【参考文献】
前田泰樹、2005、「行為の記述・動機の帰属・実践の編成」『社会学評論』56（3）：710-726.
前田泰樹・水川喜文・岡田光弘、2007、『ワードマップ　エスノメソドロジー』新曜社.

【Further Readings】
西阪仰『相互行為分析という視点』金子書房、1997年。
　人びとのやり取りが社会的であること、このことが相互行為分析によって示される。相互行為分析のお手本として読むとよいだろう。

G Button and W. Sharrock, *Studies of Work and the Workplace in HCI*, San Rafael, CA: Morgan and Claypool Publishers, 2009.
　エスノメソドロジー的なフィールドワークのやり方の教科書。人びとの実践を対象にした記述的研究の「やり方」が丁寧かつわかりやすく書かれている。

第Ⅳ部
読んでみる

暮らしのなかにはたくさんのテキストがあって、それを読んだり、ときには書いたりしてわたしたちは日々生活しています。書く場合は、伝えたいことを読み手に理解できるようにするにはどうすればよいか悩むでしょうし、読む場合は、そこになにが書かれているかをがんばって理解しようとするでしょう。
　この過程のただなかにテキストがあるのだと考えれば、そのテキストはどのように理解できるのか、あるいは、どのように理解されているのかということを調べれば、わたしたちの暮らす社会について何らかの知識を得ることができそうです。
　では、テキストを読む／書くということをどのように調べればよいでしょうか？　ふと立ち止まって見回せば、わたしたちの社会はテキストであふれかえっていることにすぐに気づくと思います。となれば、なにを、どこで見ればよいのでしょうか？
　本章では、こうした疑問にヒントをくれる、「テキストのフィールドワーク」を独自のやりかたで進めてきた人たちが登場します。

（秋谷直矩）

14 「ほとんど全部」を読む
メディア資料を「ちゃんと」選び、分析する

牧野智和

これから紹介する調査をもとにして書かれた論文

牧野智和「「就職用自己分析マニュアル」が求める自己とその機能——『自己のテクノロジー』という観点から」『社会学評論』61巻2号、2010年、150-167頁。

　大学生の就職活動における「自己分析」とは、一体どのような「自己」であることを求めるものなのだろうか。就職対策書94タイトルを素材とした分析の結果、1990年代中盤以降に定着した自己分析とは自らの過去の回顧、現在の分析、未来の想像という作業を通して「本当の自分」という就職活動全般を貫く指針を抽出させ、その調整によって就職活動における各状況、企業から課される関門、内定を実際に獲得した企業で求められる人材像への適応を果たさせていくための定型化された技法群であると考えられた。このような技法の社会的機能として、自由化した新規大卒採用市場における「不透明性の低減（共通了解の再構築）」や、厳しい採用状況が続く就職市場の問題を学生個々人に帰責する「社会問題の個人化」等が挙げられるが、採用状況の悪化によって社会問題の個人化機能が突出する可能性を考慮するとき、自己分析という慣行の欺瞞性を私たちは認識しておく必要があるだろう。

1.「自己分析」を分析する？

当初の違和感

　この論文は20代後半に書いたものだが、そのもともとの着想は、大学3年生の秋にまでさかのぼる。年でいうと2001年の秋、もうずいぶん前のことだ。ずいぶん前とはいっても、後期の授業が始まる頃になると大学では就職ガイダンスや業界説明会が開催され始めるといった、2000年代における

就職活動の流れはすでに出来上がっていた。この頃私は、大学院に行っても う少し勉強を続けたいと思い始めてはいたものの、就職という選択肢も捨て きれず、就職ガイダンスに参加してみることにした。

今も同じようなものがあると思うが、大学就職課（キャリアセンター）の 職員が冒頭で自己分析や業界研究の重要性、自己 PR のポイントなどについ て述べ、その後に企業人の講演が続くというガイダンスだった。そこで私は、 「自己分析を通して「やりたいこと」をみつけよう」という職員らの話を聞 きながらこのようなことを思ったのだった。

「なぜ面接の場で否定されるとわかっているのに、自己分析をするのだろ う」。もう少しいえば、「それ自体の真正さによってではなく、採用する側と 採用される側という力関係によって、自分の行なった自己分析が否定される ことがあらかじめわかっているのに、なぜそんな徒労をするのだろう。そも そも、自分のことを一番わかっているのは自分じゃないか。初めて会う人に、 選考のルーティンワークのなかで自分の人生や考え方を否定されるなんて、 なんだか納得できない」。

このようなひねくれたことを考える時点でまともな就職活動ができないこ とは明らかだ（なんとなくガイダンスに出るという時点でもそれは明らかだっ たかもしれない）。ともかく、就職（活動）に自分は向いていないなという敗北 感を抱え、ガイダンスの会場を出たその足でゼミ指導教員の研究室に向かい、 大学院に進学することに決めましたと報告してその日は終わった。

理論という手がかり

その後大学院へ進み、やがて「社会の心理主義化」という概念に出合った。 これは「社会から個人の内面へと人々の関心が移行する傾向、社会的現象を 社会からではなく個々人の性格や内面から理解しようとする傾向、および、 「共感」や相手の「きもち」あるいは「自己実現」を重要視する傾向」（森 2000：9）などと説明される概念なのだが、その事例として最初に挙げられ ていたのが、就職活動におけるあの自己分析だった（森 2000：26-29）。

学生のときに抱いたあの違和感や失望が、社会学の研究対象になるのかも

しれない。当初はこのような考えをただぼんやりと抱いた程度に過ぎなかったのだが、やがて次のように考えるようになった。つまり、自己分析への違和感を抱き、それを避けるようなかたちで大学院に進んだものの、結局「やりたいこと」にこだわって大学院に、さらに博士課程にまで進んだという意味では、自己分析を多かれ少なかれ経て就職（活動）をした同級生たちと自分はさして変わらないのではないか。そうだとすれば、自己分析を研究することで、就職活動に向かう学生たち、自分のように「やりたいこと」に囚われた人間、ひいては今日の若者の多くが囚われている規範について明らかにできるのではないか。

当初の違和感から数年を経て、自らの問題として自己分析を研究する意義が見出されたわけだが、このようなプロセスは必ずしも必要ではないかもしれない。というのは、自分にとっての意義が明らかにできなければ研究はできない、という心性もまた心理主義化の徴候であるかもしれず、その心性をかたくなに守らねばならないとは思わないためだ。

2. 分析対象を定める

「ふわっと」を「ちゃんと」「がちがちに」

さて、心理主義化という概念との出合いから、自己分析が社会学の研究対象になりそうだというところまではきた。だが、どのような研究をすれば、「ちゃんと」した研究をしたことになるといえるだろうか。

雑駁に敷衍すれば、流行事象を研究する場合、今述べたような問題がついてまわることになる。つまり、皆が何となく知っている事象（自己分析）は、どうも社会学の概念（心理主義化）から分析できそうだが、それだけでは単なる先行研究の紹介になってしまう。先行研究とは異なる、何らかの概念を当てはめ分析するというアプローチも1つの立場だが、当の事象（自己分析）が何なのかを「ちゃんと」と調べずに当てはめを行なっても、それは足元のぐらついた印象批評になりかねない。もう少しいえば、自己分析のようなある種「ふわっと」した事象を扱う際、事象を同定しないままに分析を行なう

と、誰でもいえるような印象批評、つまりほとんど何もいっていないような書き物を生み出してしまいかねないと思われるのだ。だが逆に「ふわっと」した素材を「ちゃんと」もう少し強くいえば「がちがちに」分析するというのは、どういうことなのだろうか。

愚直に王道を行く

　自己分析について「ちゃんと」研究する方策としてまず考えられそうなのは、学生や就職課（キャリアセンター）の職員に話を聞くという選択肢である。これはこれで意義のあることなのだが、流行事象の研究における初手として最善策とは言い難いように思える。というのは、自己分析なるものの全容を把握せずにインタビューを行なっても、学生や就職課職員が、どのような自己分析についての情報資源を利用しているのか、その位置づけ（解釈）が十分にできないのではないかと考えるためだ。

　先行研究がその位置づけのための「地図」を用意してくれているという場合はままある。自己分析については、大学生の就職に関する最も有名な雑誌（現在はウェブ媒体へ移行）であった『就職ジャーナル』についての研究が存在していた。だが『就職ジャーナル』一誌の分析結果だけでは、自己分析がいつ頃登場し、当たり前のものとなっていったのかという系譜を概略的につかむことはできるものの、それは自己分析についての地図として全幅の信頼をおけるものと言い切れるだろうか。やや疑問が残る。

　それよりもっと単純に考えて、自己分析といえば、大学の中にある書店や、町の書店でもよいのだが、自己分析に関する書籍が何種類も平置きにされ、いずれもうずたかく積み上がっていることを思う人が多いのではないだろうか。なぜ先行研究は、こうした就職対策書という「王道」を捨て置いてきたのだろうか。1つの雑誌ではなく、このような王道をたどること、つまり就職対策書を分析していったほうが、自己分析についての地図がより詳細に描けるのではないか。私は愚直にそう考えた。

3. 分析対象を絞り込む

書籍の研究と検索可能性の位置づけ

　これは、メディア資料のなかでも、特に書籍メディアを分析するというアプローチを選んだことになる。メディア資料の分析には、第Ⅳ部の他の論考からもわかるように、さまざまなアプローチがある。対象を絞って精密な分析をするというアプローチもあれば、私のように地図を描こうとするアプローチもある。後者についてよく選択されるのは新聞や雑誌の分析で、これらについてはメディア研究の解説書などでしばしばその手続きが言及されている。だが、就職対策書という書籍メディアを対象とする場合、どのように研究を進めていくと、「ちゃんと」調べたことになるといえるだろうか。

　理想としては、「すべてを読み、すべてを研究しなければならない」(Foucault 1966＝1999：306) というスタンスが貫けるならばよいのだが、書店に並ぶ就職対策書をみるだけでも、とてもすべてに目を通せるとは思えない量がある。また、毎年これらの書籍が「○○年度版」と版を改められ、また新しいシリーズが刊行されることを考えても、世の中には一体どれほどの「自己分析本」があるのか、見当がつかないようにも思える。

　だが今日、一般向けに刊行された書籍の情報はほぼデータベース化されている。タイトル、サブタイトルはもちろん、書籍の概要、章立て、場合によっては小見出しまでデータベース化され、検索できるようになっている。ただ、本によってはタイトルとサブタイトルしか掲載されていないようなもの、データベースから抜け落ちているものもある。また、データベースに現在と同じような書誌情報が掲載されるようになったのは1980年代中盤以降に過ぎないことも留意しなければならない。つまりこうしたデータベースを通して行なえることには明らかな限界がある。だがそれでも、「どのような書籍が集まっているに過ぎないのか」というデータベースの限界を自覚したうえで、地図作成の補助ツールとしてデータベースを活用するというアプローチが、現時点において考えられる書籍メディア研究の最善の初手といえるので

はないだろうか。

「ほとんど全部読んだことになる」という基準を作る

より具体的に、私がどのように自己分析に関する書籍をピックアップしたのかを述べよう。これについては冒頭の論文から引用しておこう。

> 筆者は、1980年代以降の書籍情報を網羅的に掲載しているオンライン書店「本やタウン」のデータベースを用いて、自己分析という語をタイトル・内容に含む803冊の図書から、大学生向けの就職対策情報を掲載していると判断された205タイトル計479冊を抽出した（2009年12月までの刊行図書を対象）。この205タイトル479冊について、国立国会図書館や他の書籍検索データベースを併用して、タイトルが変わったが内容が同じもの、「本やタウン」には掲載されていない年次の版を統合・追加し、最終的に190タイトル758冊を選定した。この190タイトル758冊を本稿における「就職用自己分析マニュアル」とする。（牧野2010：153）

もちろん、データベース上に自己分析という言葉が用いられていなくとも、自己分析について語っている書籍は数多ある。また、上述したような収録漏れもある。だが上記の基準は、タイトル、サブタイトル、章、小見出しに自己分析という言葉を用いる、つまり自己分析を話題の1つとして気紛れに言及するのではなく、より自覚的な論点としてとりあげている書籍を、ほぼ網羅的にさらったことになるとおそらくいえるのではないだろうか。こうして、一見果てしないデータベースの内に、できるだけ画然とした境界を作ることで、「すべてを読み、すべてを研究」することはできないが、「主なものをほとんど全部読んだことになる」という、実現可能な限りでの「すべて」に近づくこと。書籍メディアの選定にあたっては、以上のようなことを考えて対象を選定していった。

だが、758冊というのも多すぎると思われるだろう。私自身、このすべて

は読んでいない。といっても、最初は国立国会図書館に通って愚直に1冊ずつ当たっていったのだが、実際にこれらに目を通していくと、複数回刊行されるタイトル（190タイトル中94タイトル）は初刊本以降、細かい字句の修正を除けば、ほとんどの場合同内容で「〇〇年度版」という部分の表記のみが改められるかたちで次年度以降の版が刊行されていることがわかった。つまり初刊本を読み、年度を改めて刊行されたものに改訂がほぼみられないのであれば、それらはほぼ読む必要がないということになる。また、こうした複数回にわたって刊行されたタイトルは、版が改められるだけの売り上げを誇るものが多いという点で、特に「代表的で影響力の強いサンプル」といえるのではないかとも考えられた。一部例外はあるものの、私はこれらを踏まえて、複数回刊行された94タイトルの初刊本（この94タイトルの延べ刊行点数は664冊で、全758冊の87.6%を占める）を読み込んで分析を行なうことにした。つまり、ここでもう一度「主なものをほとんど全部読んだことになる」という基準で絞り込みを行なったのである。

本の収集とその意外な盲点

　さて、この94冊について、私はそのほぼすべてを購入しているのだが、そんなお金はない、とても真似できないと思われるかもしれない。だがここで、就職対策本の性質について考えてほしい。こうした書籍は毎年数多く刊行され、毎年「〇〇年度版」という箇所だけが改訂されている。これらを買う学生の側は、せっかく買うのならば、古い年度のものを買うということはあまりしない。またこれらの書籍は、就職活動が終わると、活動に強い思い入れがある人を除けば基本的には必要ないものとなる。こうした性質によって、中古本市場（インターネット上の売買を含む）にはこれらの書籍がほぼタダ同然で出回ることになる。私はこの94冊のうち、正確には記憶していないが、半数以上は「1円」で買っていたと思う（送料は別途かかるものの）。資料を集め始めた頃、私は大学院生で、本当に悲しいほどお金がなかったため、マニュアル本がこのようにタダ同然で入手できることの「発見」は本当にありがたいものだった。これは流行事象に言及する書籍や、ベストセラー

の研究、ハウ・トゥ本の研究にもおそらく応用できる「発見」かもしれない。

4. たくさんのメディア資料を分析する

メディア資料の面白さと恣意性

　メディア資料を分析する面白さの１つは、自分の予想を超えるほどに端的な、それによって対象資料の特性（世界観）をあらかた説明できてしまうような表現を発見することにあると私は思っている。この発見の瞬間は、周りを覆っていた霧が晴れて、目の前の世界が一気に開けていくような、それは素晴らしい一時だといえる。当該論文でいえば、自己分析とエントリーシート・面接を地続きのものにしているのは、自己の「エピソード化」という接続原理によるのではないかと気づいた以下の引用箇所がその一例である。業界・企業を絞るためにまず自己分析で「やりたいこと」をみつけよう、エントリーシート・面接も自己分析をエピソード化して臨もう、活動に行き詰まったら自己分析を修正しよう、というようにして自己分析はそれ独自の論理によって就職活動全般を覆い尽くせてしまうということ。その万能性が今日の自己分析の普及・定着の一因ではないかという思いを強めた箇所である。

>　「これが自分の長所だ！」と自信満々でも、他人に具体的に伝わらなければ「自己満足の強いヤツだ」「自分で思っているほどじゃないさ」「口だけじゃないの」などと思われてしまいます。それじゃあ困る。もっと具体的に「こんな時に、こんな風に、この長所を発揮したんです」ということが伝えられないと……。（細田 2002：20）

　ただ、分析者がいかに面白いと思ったとしても、資料を実際に読んでいない人、つまり論文の読者にその面白さが一見して伝わるとは限らない。というより、普通は伝わらない。また、この表現に資料の特性が凝縮されていると分析者がいかに思ったとしても、ただ引用するだけでは、それはあなたがそう思っているに過ぎないのでは、つまり「恣意的」な引用に過ぎないとい

う反論を免れることはできない。そう思われて話が終わるのも空しい。

　メディア資料の分析においては、この恣意性批判に対応したところでようやく、分析結果云々という議論に進めるように思う。その対応の手法としては、内容分析という手法がしばしば用いられる。この手法の最大のポイントは、ある言葉の出現頻度をカウントする、あるいは特定のテーマ（たとえば少年犯罪、児童虐待、喫煙者のマナーなど）に費やされた文字数や面積を集計するといった、メディア資料をその「量的特性」から分析するところにある。どのような視点で数量化を行なうかという点には分析者の問題意識が入り込むものだが、内容分析が標榜する「再現可能性」（Krippendorff 1980＝1989：21-22）を重視した分析、つまり誰が行なってもほぼ同様の結果が得られるような分析を論文内に入れ込むことによって、恣意性をある程度縮減することができるというわけである。またそれだけでなく、自分自身でも何となく重要だ、というくらいにしか思っていなかったことが、数量化することで確信に至ったり、あるいは新たな発見につながることもある。

量的分析によって質的分析を活かす
　だが量的分析がこのように有用だとは思うものの、資料の面白さは、先に述べたような端的な表現、つまりその質的特性においてより強く出ている場合が多いとも思う。その強い表現の面白さを、それがなぜ重要であるかという解釈とともに読む人に伝えたい。だがその伝え方を間違えれば、面白さと重要性は伝えられない。そこで私は、非常に単純なことだが、量的分析と質的分析をできる限り併用することにしている。順序としては、量的分析によって注目すべきポイントを絞ったうえで、その先に強い表現の引用を差し込むということを私は好んでしている。

　具体的に私が行なった手続きを示してみよう。まず行なったのは、自己分析を扱う書籍はどのような構成要素からなっているのか、どのような技法が用いられているのかの数量化である。資料を1冊1冊読みながら、これらのチェックポイントについて、言及があればエクセル上にセルを作って「1」と打ち込み、言及がなければ空欄あるいは「0」を打ち込む。そして最下部

第Ⅳ部　読んでみる

表1　エクセルデータの一部

資料コード	シリーズ・タイトル名	刊行	構成要素							自己分析の技法（一部）							
			就職活動ガイド	業界研究・企業研究	企業アプローチ	エントリーシート・履歴書対策	面接対策	時事・一般教養・筆記試験対策	作文・小論文指導	過去の自分の分析（自分史を書く）	熱中したこと・打ち込んだこと	楽しかったこと	影響を受けた人物	影響を受けた本（愛読書）・映画・芸術	自分の長所・短所	適性・診断テストをする	将来の自分について想像する
001	面接試験の対策	1981					1				1		1	1		1	
002	女子大学・短大生の面接応答例	1982		1	1	1		1			1	1	1		1		
003-1	大学生のための就職に成功する本	1984	1	1	1		1	1		1					1		
003-2	中堅大学・地方大学生のための就職に成功する本	1997																
（中略）																	
180	才木流内定を引き寄せる新・自己分析ゼミ	2009					1										
190	就活の王道	2006											1	1			1
192	面接自己PR志望動機	2009	1	1													
	計（94冊中の総言及数）		36	39	34	53	58	19	16	59	56	14	31	25	64	33	50

（最上部でもどこでもいいのだが）にその集計欄を作る。ほんの一部だが、私が実際に分析に用いたエクセルデータの一部を表1に示しておきたい。

　これは枠組の整理統合を行なったうえでの「最終版」の抜粋だが、これ以外にも、分析の枠組を決める「プレ分析シート」、分析を実際に行なう「作業台」（上表では自己分析の技法をランダムに8つ掲載しているのみだが、「作業台」では90種類の技法に分けて集計を行なっている）、その他著者の性別・年齢・職業などをカウントする「著者属性」といったエクセルファイルを作っている。つまり、分析の枠組は最初から決まっているわけではない。先行研究があればそれにもとづいて、なければ自分で仮説を立てて読みながら「プ

レ分析シート」「作業台」上に枠組を作り（セルを作り）、さらに読み進めながら枠組を整えていく（セルを追加・整理・統合する）。資料の最後の1冊で新しい分析枠組が加わることもありうるし、人間だから見落としをすることもある。だから資料は幾度か読み返すことになる。読み返しを続けて、もう新しい発見が得られない、もう新しい枠組を作る必要はないと思えたら、データの数量的傾向にしたがって分析の方向性を考え始める。

手続きによって先に進む

こうした作業を経て、どのような強い表現を引けば量的分析の結果をより踏み込んで解釈できることになるのかという段に分析は進んでいった。いわば、量的分析によって堀を埋めるように攻め上り、質的特性という本丸に到達するというイメージで作業を進めていったのである。

ただ、こうはいっても、どのような観点から分析を進めるのか、どのような言葉や価値観に注目して枠組を作るのか、論点を狭めた後にどのような引用や解釈を行なうのか、これらすべてにおいて分析者の判断は必ず行なわれるわけであって、その意味で恣意性が消し去れるわけではない。だが、自らの思考のプロセスと分析の手続きを、論文を読んだ人もたどれるようなかたちで開示しつつ記述を進めていくことで、その恣意性を少しでも小さいものとし、資料についてのより精密な描写を行なうことが、「ふわっと」した素材を「ちゃんと」した研究成果にしていくためには必要だと私は考えている。あるいはこういってもいいだろう。自分が魅了された、あるいは違和感を覚えたものをより精確に浮き彫りにするために、淡々と手続きを踏む必要があるのだ、と。そして、そのような手続きを踏まえて初めて、「ふわっと」した印象批評の先に進むことができるはずなのだ、と。

【参考文献】

Foucault, M., 1966,《Michel Foucault, *Les Mots et les Choses*》, *Les Lettres françaises*, 1125, pp.3-4.（＝1999 廣瀬浩司訳「ミシェル・フーコー『言葉と物』」『ミシェル・フーコー思考集成Ⅱ』筑摩書房）

細田恵子監修、2002、『1日でわかる新型自己分析』日経人材情報。
Krippendorff, K., 1980, *Content Analysis: An Introduction to its Methodology*, Newbury Park, CA: Sage Publication.（＝1989 三上俊治ほか訳『メッセージ分析の技法――「内容分析」への招待』勁草書房）
牧野智和、2012、『自己啓発の時代――「自己」の文化社会学的探究』勁草書房。
森真一、2000、『自己コントロールの檻――感情マネジメント社会の現実』講談社。

【Further Readings】
佐藤雅浩『精神疾患言説の歴史社会学――「心の病」はなぜ流行するのか』新曜社、2013年。
　近代日本における「精神疾患」の語られ方の分析を通して、近代社会が前提としてきた人間像を裏側から浮き彫りにしようとする。内容の面白さもさることながら、新聞記事（等）を研究対象とすることの理論・方法論的位置づけが明快で、本章のスタンスと共通する部分も多いと筆者は考えている。

15 判決文を「読む」
「素人でいる」ことから始める社会調査

小宮友根

これから紹介する調査をもとにして書かれた論文

小宮友根「被害者の意思を認識する」『実践の中のジェンダー』新曜社、2011年、第6章（215-244頁）。

　強姦事件の裁判で無罪が争われるとき、しばしば「被害者の意思」が争点となる。被害者が性交に同意していたならば強姦罪は成立しないからだ。そして裁判の結果無罪判決が下されるとき、「被害者が同意していた」可能性（「同意していなかった」という被害者供述が偽である可能性）を示すことは、裁判官にとっての関心事となる。裁判官が書く判決文には、無罪判決の理由が書かれなければならないからである。このとき裁判官は、どのようにしてその可能性を示すのだろうか。

　この論文では、実際に無罪判決が下された判決文の分析をとおして、その中で用いられている「被害者の意思」を理解するための方法が検討されている。そこで明らかにされるのは、被害者の事件当日の行動を細かく再記述することが被害者に特定のパーソナリティを帰属する方法となっており、それによって被害者供述の信用性に疑問が差し挟まれているということである。

---

1. はじめに

「社会」の「調査」

　この本は「社会調査」の本である。だからこの本を手に取ってくれた読者の皆さんも、「社会調査」に関心があるに違いない。この本を手に取ったとき、「社会調査」という言葉で皆さんが思い浮かべていたのはどんな作業だろうか。質問紙を配って回収して統計的に分析することだろうか。インタビューをしてテープ起こしをしてデータを分類することだろうか。そうした

作業を思い浮かべていた人にとっては、この章に書かれていることは期待を裏切るものかもしれない。というのも、この章で紹介しようと思っていることは、文書資料を「読む」という作業だからだ。文書資料は、「読む」だけなら、部屋の中にいて、どこにも行かなくてもできる。そんなものが果たして「社会調査」なのだろうか。

　もしそんな疑問を持ったら、次のように考えてみてほしい。「社会調査」は「社会」についての知識を得るためにおこなうものだ。けれど、そもそもその「社会」って、いったい何のことなんだろうか。言い換えれば、何について知ることができれば、「社会」についての知識を得たことになるのだろうか。質問紙調査やインタビュー調査によって得られるのは、研究者が作った設問に対する被調査者の回答である。では研究者にとってその回答を知ることは、どういう意味で「社会」を知ることになっているのだろうか。

　こう考えると、「社会調査」とは何なのかという問いが、じつは意外に答えるのが難しいものであることが見えてくる。その問いに対する答えは、「社会とは何か」という問いに決定的に依存しているのである。

　もちろんここは「社会とは何か」なんていう大きな問いに対する答えを出す場所ではない。この本に限ってみても、章ごとにその問いに対する答えは違っているかもしれない。ここでは次のことだけおさえておこう。「社会」について知りたいと思うなら、自分が「何について」知りたいのかをできるだけ明確にしよう。そしてその「知りたいこと」にふさわしい方法を使って「調査」をしよう。それさえできれば、それを「社会調査」と呼ぶかどうかは二次的な問題である。この章では、文書資料を「読む」という作業によって、私たちはいったい何を知ることができるのかについての、1つの考え方を紹介したいと思う。

「素人でいる」ことから始めよう

　具体的な紹介に入る前に、この章で「知る」対象として設定する「社会」なるものについて、こんなイメージを持っておいてもらいたい。私たちは日々、いろんな人たちとかかわりながら生活を送っている。家族や友人と会

話をし、公共空間で見知らぬ人とすれ違い、学校で先生から授業を受け、職場で同僚と働き、買い物をして店員さんにお金を払ったりしている。こうした日常生活のひとつひとつは、社会学が知ろうとしてきたことと深いかかわりがある。家族や教育や経済といった制度は社会学の伝統的な研究対象だし、公共空間での人間関係や友人とのおしゃべりにだって社会学は関心をもってきた。だから、私たちが送っているそうした日常生活には、社会学が「社会」という名で呼んできたものが、何らかのかたちで含まれているといってよい。

　他方で、私たちはそうした日常生活について、ある意味ではすでによく「知って」いるはずだ。なにしろ、社会学者に調べてもらってその結果を教わらなくても、私たちは日常生活を送ることができているのだから、その意味では社会調査なんてしなくても、私たちは「社会」をよく知っているのである。もちろん、統計学を使ったり、特別な人にインタビューをしたりしなければわからないことはある。けれど、逆にこう考えることもできるはずだ。質問紙に書かれた質問に答えたり、インタビューに答えたりすることは、研究者がわざわざ特別の目的のために作り出した状況である。その意味では、その状況は私たちが日常生活を送っている、普段のそのままの状況ではない。それに対して、私たちが「素人」として、日々見て聞いて話して参加している日常生活は、いってみれば「未加工の」社会そのものである。そして、社会についての知識を得ることが社会調査の目的ならば、この未加工の社会について知ろうとすることもまた、ある意味で立派に「社会」を調べることになるはずだ。こう考えれば、必ずしも特別の技法を身につけてからではなくても、「素人」のままで、その「素人」としての経験を出発点にして、自分がどうやってその未加工の「社会」を経験し理解しているかを言語化し記述することを試みることで、私たちは「社会調査」をおこなうことができるだろう。

　以上のような視点から、以下ではまず「文書」というものを「素人」の私たちがどのように経験しているかを考え、そのうえで、刑事裁判の判決文という具体的な文書を「読む」ことで、「社会」について何を知ることができるのかを考えてみよう。

2. 文書の「社会調査」の視点①——文書の日常性と使用目的

活動の中の文書

まず考えておきたいのは、広い意味での「文書」（文字の書かれた紙、くらいの意味で考えてもらってかまわない）は、私たちの日常生活の中でじつにありふれたものだということである。みなさんが今手にしているこの本も文書である。朝起きてニュースを読むために手にする新聞も文書である（最近だとニュースはインターネットで見る人のほうが多いかもしれないけれど）。友達からの年賀状も文書だし、アルバイトをしたり就職活動をしたりするときに書く履歴書も文書だし、何かのときに役所に交付してもらう住民票も文書である。

では、こうしたさまざまな文書に、私たちは日常生活の中でいったいどうやって出会っているだろうか。重要なのは、さまざまな文書に出会うとき、私たちは単にその文書を読む／書くという作業だけに携わっているわけではない、ということである。新聞を読むとき、私たちは単に文章を読んでいるのではなく、「ニュース」を知ろうとしている。年賀状を書いたり読んだりするときには、新年の挨拶をしたり、友人の近況を思ったりしているだろう。履歴書を書くときには応募先に自分の経歴と能力をアピールしているかもしれない。要するに、文書を書いたり読んだりするとき、私たちは同時になんらかの活動に携わっている。そうした活動と切り離された、文書を書く／読むことのみをすることなど、どんなことなのかほとんど想像もつかない。私たちが日常生活の中で文書に出会うのは、徹頭徹尾、何らかの活動の中でのことなのである。

文書を作り上げる「選択」

ここから、「素人」としての私たちが日常生活の中で文書を「読む」という経験について考えるとき、その出発点となる視点が得られる。すなわち、文書そのものだけではなく、それを書く／読む経験が埋め込まれた活動につ

いて一緒に考えるという視点である。文書には必ず、それが書かれ／読まれる実際的な目的がある。文書に何が書かれるかを決めるのはその目的にほかならない。たとえば就職の応募のための履歴書には、何年何月にどの高校や大学を卒業したか、どんな資格を持っているかなどを書く欄がある。けれどそこには、応募者がこれまで何通の履歴書を書いてきたのか、もしこの応募で採用されなければどうやって生活していくのかといったことを書く欄はない。たとえそれがどれだけ応募者にとって切実なことであったとしても、そうしたことまで細かく書き込んでしまったら、履歴書は（簡便に応募者の情報を得るという）その目的を果たせなくなってしまうだろう。

　したがって、文書を「読む」ことでおこなう「社会調査」にとってまず重要なのは、その文書が特定の目的のために使われるものであるなら、そこには何が書かれ、何が書かれないのかという「選択」があるはずだという視点である。文字どおりの意味で紙の上に書くことが「できる」ことは、ほとんど無限にあるだろう。その気になれば履歴書に漫画を描くことだってできる。けれど実際に紙の上に書かれるのは、特定の、ごく限られた文字列だけである。では、その文字列はいったいどういう理由で「選ばれて」いるのだろうか。とりわけ、書かれてもよかったかもしれないほかの事柄と比較したとき、なぜほかではなくそれが書かれているのだろうか。この「なぜほかではなくそれが」という比較の視点によって、私たちは自分がさまざまな文書を書く／読むときに、1人の社会成員としてどのようにそれをおこなっているのかについて、重要な手がかりを得ることができる。必要なことだけが書かれているから履歴書が履歴書であることができているように、特定の事柄だけが選択して書かれていることは、ある文書がほかならぬその文書であることにとって本質的なことである。だから私たちは、「ほかではなくそれ」という選択に注目することで、何がその文書をほかならぬその文書たらしめるのかについての、私たちの社会の共通理解を探っていくことができるのである。

　そして、そのような探究にとって、あらかじめ調べる文書の範囲や、どれくらいの量の文書を集めるかを決めておく必要はない。もちろん比較のために多くの文書を見比べるのは有意義なことだけれど、たった1枚の履歴書で

も、それが履歴書と理解できるのであればそこには上で述べたような「選択」があるはずなのだから、私たちはそれを履歴書一般について考えるための資料として利用できる。知りたいのが、1人の社会成員として私たちがすでに「知って」いるはずの「選択」の仕方であるならば、必ずしもたくさんの文書を集めてからでなければそれを知ることができないと考える必要はない。日常生活の中で出会う紙切れ1枚からでも、私たちは「社会調査」を開始することができるのである（たとえば『ワードマップ　エスノメソドロジー』（前田・水川・岡田編 2007）には、広告のチラシから始める社会学の例が載っている）。

3. 文書の「社会調査」の視点②――「なぜほかではなくそれが」

社会の通常の風景としての刑事裁判

では、この章でとりあげる刑事裁判の判決文についてはどうだろうか。そもそもみなさんは、刑事裁判の判決文というものを読んだことがあるだろうか。おそらく多くの人は、読んだことがないに違いない。ときどき新聞で部分的に紹介されていることはあっても、日常生活を送るなかで判決文に出会うことはまずないからだ。しかしそれでも、1人の社会成員として日常生活を送るうえで、私たちは刑事裁判の判決文というのがどのようなものか、おおまかなことを知っているはずだ。たとえば、私たちの社会では、やってしまったら犯罪になることが「刑法」という法律によって決められている。犯罪になることをやったと疑われたら、警察に逮捕される。逮捕されたら、裁判所に起訴されるかもしれない。起訴されたら、有罪か無罪か、あるいは有罪であればどれくらいの罪なのかを裁判で争い、裁判官によって判決が下される。その判決に不満があれば、当事者はより上位の裁判所に訴えることができる。こうしたことを私たちはテレビや新聞などの報道を通じて知っているだろう。

他方でまた、「素人」としての私たちは、裁判が非常に専門的な実践であることも知っている。法律の条文は素人にはとても読み解けないほど難解だ

し、刑事裁判に携わるのも弁護士や検察官といった法の専門家だ。私たちはそうした専門家をあてにすることなしには法的実践にかかわることはできない。とはいえ、そうした高度の専門性に対して「一般市民の健全な常識から乖離している」という批判がおこなわれているのを聞いたことがある人もいるかもしれない。「裁判官の専門性だけでなく市民の常識も取り入れたほうが刑事裁判がよりよくなる」という名目で、裁判員制度なんていうものも始まった。

「判決文」が産み出される過程についての素人的な理解は、こうした諸々の事柄から構成されているだろう。そしてここからだけでも、判決文を「読む」際の「なぜほかではなくそれが」を考えてみることができる。たとえば、判決は争いの結果として下されるものである。裁判官は自分の好き勝手に判決を下せるわけではなく、両当事者の話を聞いて、証拠を吟味した結果として（つまり裁判の結果として）判決を下す。だから判決には、負けることになる当事者に対してもその結論を受け入れることを迫る、「説得」の側面がある。と同時に、理不尽な判決であれば上位の裁判所に訴えられて判決を逆転されてしまうかもしれないのだから、判決は当の裁判にかかわる人たち以外の、いわば専門家コミュニティにとっても受け入れ可能なものとして書かれなければならない。要するに、判決文を書くことは、当事者や専門家コミュニティに向けた「判決の正当化」という活動と分かちがたく結びついている。だから、そこに書かれた事柄のひとつひとつは、その文書が「正当な」判決であるための理由を構成するピースとして選ばれているはずなのである。

「記述」の比較

そのような視点から、実際の判決文を見てみよう。以下で取り上げるのは、私が『実践の中のジェンダー』という本の中で分析の対象にした判決文である（だから、より詳細な分析に興味がある人はそちらも見てほしい）。事件は強姦事件。被害者と被告人（訴えられた人）は、事件当日クラブで出会い、一緒にお酒を飲み、その後他の友人たちと別れて2人きりになった後で事件が起こった。被害者は強姦被害にあったと主張し、被告人は「合意の上での性

交だった」と無罪を主張した。判決は無罪。裁判官は「強姦された」という被害者の主張は十分信用できない、と結論づけた。

　この判決の判決文を分析するとき私が知りたいと思っていたのは、無罪判決を正当化するにあたって裁判官がどのように「被害者の意思」を理解しているのかということだった（なぜそんなことを知りたいと思っていたのかは4節で述べよう）。冒頭の論文要約で述べたように、強姦事件の裁判で無罪が争われるとき、しばしば「被害者の意思」が争点になる。この事件でもそうだった。つまり、「被害者は同意していた可能性がある」（「同意していなかった」という被害者の供述は偽である可能性がある）という理由で無罪判決が下されていた。そうである以上、裁判官は何らかの仕方で被害者の意思について判断を下しているはずである。では、それはどうやっておこなわれたのだろうか。

　この判決で無罪という結論を導くにあたって裁判官が指摘した事柄の1つに、被害者は「社会常識に欠ける」のではないかというものがあった。裁判官が指摘するのは、当日の被害者の行動は、被害者自身が言うような「慎重な行動」ではなかったということである。裁判官はこう述べている。

> A子〔被害者〕は、自分は一応慎重に行動していたという趣旨の証言をしている……。しかしながら、A子証言によっても、「甲野〔クラブ〕」で声を掛けられた初対面の被告人らと「乙山〔居酒屋〕」で夜中の三時過ぎまで飲み、その際にはゲームをしてセックスの話をしたり、A子自身は野球拳で負けてパンストまで脱ぎ、同店を出るときには一緒にいたD子、E子〔被害者の友人〕と別れて被告人の車に一人で乗ったというのであるから、その後被告人から強姦されたことが真実であったとしても、A子にも大きな落ち度があったことは明らかである。

ここに「ゲームをしてセックスの話をした」「野球拳で負けてパンストまで脱いだ」「居酒屋で夜中の三時過ぎまで飲んだ」「一緒にいたD子、E子と別れた」「被告人の車に一人で乗った」という記述があることに注目しよう。

これらは被害者の当日の行動の記述だが、こうした記述のひとつひとつは、上で述べたような視点から見るなら、特定の実際的目的に照らして「選ばれた」ものだと考えることができる。ここでの目的とは、「被害者の証言は十分信用できない」という結論をもっともらしくする（正当化する）ことにほかならない。その目的に照らして、この記述は「ほかでもありえた」記述の中から選ばれた「それ」なのである。

　ではこの事例では、「ほかでもありえた」記述とはどのようなものだろうか。じつは判決文の場合、この「ほかの可能性」自体が、文書の中に書き込まれている。なぜなら、判決は両当事者の見解を聞いたうえで下されるものだからであり、そこには通常両当事者の見解が書かれているからである。だから多くの場合、裁判に「負ける」ことになる当事者の見解は、裁判所の見解に対して「ほかでもありえた」記述となっているのである。この事件の場合、まったく同じ場面について被害者はこう述べていた。

> 食事をしてから、その場を盛り上げるために王様ゲームをした。……ゲームの中ではセックスに関する質問も出たが、ゲームなので適当にとぼけて答えた。それから王様ゲームの延長で野球拳のようなことをした。……私が一番負けたので、ジャケット、靴、パンティストッキングを脱いだ。……そこで野球拳は終わり、午前三時を過ぎていたので帰ることになった。初対面の人と王様ゲームや野球拳をしたのは初めてである。車が二台あるので女性が分散して乗るという話が出て、同店へ来たときと同じ形で分乗して帰ることになった。

上で見た裁判官の記述とは、ずいぶん印象が違うのではないだろうか。被害者は「その場を盛り上げるためにゲームをした」「ゲームに負けたのでジャケット、靴、パンストを脱いだ」「三時になったので帰ることになった」「店へ来たときと同じ形で分乗して帰ることになった」と述べている。ここには裁判官の記述と、内容的に矛盾することは何一つない。しかし裁判官の記述と違って、ここには被害者の自発的な行為と理解できる記述がない。ゲーム

をしたのは「盛り上げるため」だし、パンストを脱いだのは「ゲームに負けたから」だという（いってみれば仕方のない）理由があったからだ。3時になったから「帰ることになり」、「店へ来たときと同じ形で分乗することになった」ことは、そもそも被害者の行為としてではなく、いわば自然に生じた出来事として語られている。

このように比較してみると、判決文に書かれた裁判官の言葉が、内容的には矛盾しない被害者の証言を、体系的に「自発的行為」へと書き換えたものだということが見えてくるだろう。当日の被害者の行動を「書く」やり方は、たとえ内容が同じでも複数のやり方があり、どういう書き方を選択するかで、「慎重な行動」という特徴づけが当てはまるかどうかについての印象が変わってくるのである。この印象の違いは、被害者が性交に同意していたのかどうかの推論に大きな影響を及ぼす。すなわち、一連の行為の自発性と、性交への同意とは、関連づけて理解される（理解されてしまう）のである。裁判官は、こうした記述の選択を通じてそうした理解の枠組みへと訴え、「被害者はじつは性交に同意していた」可能性があることを示している。そして、この可能性を提示することは、この文書が「無罪判決の判決文」であることの本質的な一部分なのである。

こうして私たちは、「なぜほかではなくそれが」という視点から判決文を眺めてみることで、「無罪の判決文」を「無罪の判決文」たらしめている「選択」の技法を探究することができる。それは、被害者の「意思」を理解するための、私たちの社会に（少なくとも裁判官が判決の「正当化」のために使える程度には）備わった技法である。こうして、たった1つの文書からでも、たとえば「人の意思」を理解するための、一般性をもった技法を探究することができるのである。

4. 文書の「社会調査」の視点③——専門的議論に習熟する

「専門的素人」になる

急いでいくつかのことを捕捉しよう。たった今「私たちの社会に備わった

技法を探究することができる」と述べたけれど、このことはその技法が倫理的・道徳的に「よい」ものであることを必ずしも意味しない。たとえば上の例だって、「被告人の車に乗ったからといってセックスに同意したと考えるべきではないだろう」と思う人もいるだろう（ちなみに私もそう思う）。実際、強姦罪をめぐる議論では、裁判官が被害者の意思を理解するやり方に「良くない」やり方があることがしばしば問題になってきた。たとえば被害者にアダルトビデオの出演歴があったりすると「同意」が認められやすくなってしまうことがあり、それは「良くない」というように。過去の職業と、そのとき同意していたかどうかは関係がない、というわけだ。こうしたことを考えるためには、どのようなやり方が良いか悪いかを考えるための議論が別途必要になる。

　また、この問題は、より専門的な法学の議論の中では、強姦罪の「保護法益」をめぐる議論としておこなわれてきた。「保護法益」とは、簡単にいえば、強姦罪という法律が守っている対象のことである。現在では強姦罪は「性的自由」を守るものだといわれている。しかし、被害者の過去の職業などによって同意していたかどうかを判断されてしまうなら、強姦罪が守っているのは性的自由ではなく、「貞操観念（貞淑であることをよしとする考え）」ではないかといった批判がある。では、実際にはいったい強姦罪は何を守っているのだろうか。こうしたことを考えるためにもまた、法学の専門的な議論が必要になる。

　実際には、上で見たような判決文を「読む」作業を、学問的に価値のある分析へと鍛え上げていくためには、こうした専門的議論にある程度習熟することが不可欠である。というのも、法学や政治学という学問が存在していて、そのなかで強姦罪の問題点やら何やらが激しく議論されている、というのもまた、私たちの社会の「未加工の」あり方だからである。だから、特に専門的な「文書」を読むことで「社会調査」をしようと思うときは、調査者もまた、そうした未加工の社会に（下手くそにでも）参加できる程度には、専門的知識を身につけなければならない。すなわち、社会調査の「素人」であっても、自分が知りたいことについては多少なりとも専門的なことを知ってい

る、いわば「専門的素人」にはなる必要があるのである。

「専門的素人」として文書を探す

したがって上で取り上げた判決文も、実際には行き当たりばったりに出会ったわけではない。むしろ私は強姦罪をめぐる専門的議論に先に親しんでおり、そうした「専門的素人」としての関心から、強姦罪の判決文を集めていた。すなわち、強姦事件の裁判において「被害者の意思」が理解されるやり方について、しばしば専門的議論の中で批判がおこなわれていることを知っており、そうした批判と、実際に判決が下されるやり方とを照らし合わせたいという関心をもって判決文を集めていた。まず、『判例時報』『判例タイムス』といった有名な判例評論雑誌については、大学の図書館に籠もって所蔵されているバックナンバーにすべて目を通した（といっても取り上げられている事案のうち刑事事件はわずかだし、強姦罪の事案はさらにわずかなので、それほどの手間ではない）。判例評論雑誌に取り上げられるような判決は、法の専門家の目から見て何らかの重要性を持つ判決であるから、専門家の目には何が重要に見えるかを知るため（「専門的」素人となるため）にはよい教科書となる。また、さまざまな判例評論雑誌で取り上げられた判決文を検索するのには「第一法規　法情報総合データベース」のようなデータベースを用いた。判決の中で「刑法177条」が参照されたものを検索すれば、強姦罪の事案を絞り込むことができる。他方で、最高裁判所が提供している「裁判例情報」からは、判例評論で取り上げられていないような「ふつうの」事案の判決文を検索することもできる。

そうやってとにかく集めた判決文を、今度は片っ端から読んでいく。その際の視点は前に述べたとおりだ。けれど、上記のような専門的議論との関連で見ていくと、「興味深い」事例が絞られてくる。誰が見ても判決に疑問の余地のないような「ふつうの」事案は、あまり面白くない。むしろ「無罪」判決が出ているような「稀な」事案のほうが興味深い。なにしろ日本の刑事司法は、起訴された場合の一審の有罪率が99%を超える。それくらい検察官は「確実に有罪になるように」起訴をするのである。そんななか「無罪」

15 判決文を「読む」

図1 第一法規 法情報総合データベース　　図2 裁判所「裁判例情報」

判決が出たのであれば、そこにはどんな理解の枠組みが働いていたのだろうか。裁判官はどうやってそんな「稀な」判決を正当化しているのだろうか。特に強姦事件の裁判で無罪が争われる場合、しばしば被告人は「同意があった」ことを主張している。同意があれば強姦罪は成立しないからだ。けれど、性交時に同意があったかどうかについては、決定的な証拠がなく、被害者と被告人の証言だけから事実を判断しなければならないことも多い。そうした場合、裁判官はどうやっていずれかの証言を「よりもっともらしい」と判断するのだろうか。

こうした観点からたくさんの事案を絞り込んでいくと、いくつかの「有名な」事例が手元に残っていた。すなわち、無罪判決が出ていて、裁判官が何かしら「問題がある」とみなされるようなやり方で、被害者の証言を「信用できない」と判断しているような事案である。続いておこなったのは、手元に残ったいくつかの事例を丁寧に分析してみることである。そうすると「被害者の意思」を判断するやり方のさまざまなバリエーションが見えてくる。たとえば被害者の過去の職業を参照するもの、性的経験の多寡に言及するもの、当日の行動から判断するものなどである。上で紹介した事案は最後のものにあたる。

最後に、そうしたバリエーションのうち、特定の専門的議論に照らしたときにもっとも取り上げる価値のあるものを選んだ。強姦罪の場合でいえば、たとえば米国などでは「被害者の同意」の証明のために持ち出せる証拠に制

199

限をかける法律（レイプシールド法）が整備されている。それによって、たとえば過去の職業など、事件当時の「同意」と関係ないとみなされる事柄を持ち出されることで被害者が二次被害を受けることを避けることができるとされている。しかし他方で、そうした法律でも、被害者の「当日の行動」についての供述を証拠として排除することはできない。にもかかわらず、当日の行動から「被害者の意思」を判断した事案が「問題のある」ものだとしたら、それはどのような意味においてなのだろうか。「専門的素人」としてのこの問いに導かれて、私は上で紹介した事案を選ぶことになったのである。

　こうして、「未加工の」社会に生きる一成員として文書に出会う経験から「社会調査」を始めようとするならば、どのような事例が「興味深い（これは必ずしも良い意味ではないが）」とみなされるかもまた、「素人」としての、あるいは「専門的素人」としての、社会成員の観点から決まっていく。ある事例が社会成員にとって「興味深い」ということは、そこには「未加工の社会」の「興味深さ」が現れているということである。だから、そうした事例の分析は十分、「社会調査」としても興味深いものとなるだろう。そして、そのようにして選ばれた対象の分析は、多くの場合、単に興味深い社会調査となるだけでなく、法学や政治学の専門的な議論にも接続可能なものになっているだろう。詳しくは『実践の中のジェンダー』の5章と6章を読んでほしいけれど、上で取り上げた事案の分析も、「被害者の意思」を理解する方法の分析から、強姦罪の保護法益を単純に「性的自由」とすれば問題が解決するわけではないという結論を導いている。

5. おわりに──それで結局何がわかるのか

　この章では刑事裁判の判決文を例にとって、「文書」を「読む」ことがどのような意味で「社会調査」になるのかを紹介してきた。まとめれば、私たちはある文書について、その文書には何が書かれ、何が書かれていないかという「選択」の技法を描くことで、その文書をほかならぬその文書として成立させている理解枠組みを探究することができる。その理解枠組みは、1人

の社会成員として私たち自身がすでに持っていて、日々の生活の中で使っているものだ。その、自分がすでに使っている理解枠組みを、文書を「読む」ことを通じてできるだけ丁寧に「思い起こす」こと。質問紙やインタビューを使っているわけではないけれど、これはこれで、私たちが生きる「社会」がどのようなものかを、「経験的」データをもとに知るための方法となるのである。そして、こうした研究の方法は、「エスノメソドロジー」という名で知られている。だからこの章の話に興味を持った人は、あらためて「エスノメソドロジー」の入門書も手にとってみてほしい。

【Further Readings】
前田泰樹・水川喜文・岡田光弘編『ワードマップ　エスノメソドロジー』新曜社、2007年。
　初学者にはもっともおすすめの教科書。実践の記述というエスノメソドロジー研究の課題が、どこから来てどのように展開されているのかがわかりやすく解説されている。本文で言及した広告の「チラシの表で社会学」は9章。

D. Francis and S. Hester *An Invitation to Ethnomethodology*, London : Sage, 2004.（中河伸俊・岡田光弘・是永論・小宮友根訳『エスノメソドロジーへの招待——言語・社会・相互行為』ナカニシヤ出版、2014年）
　こちらは英国の教科書の翻訳。実際に読者がエスノメソドロジー研究を試みるためのステップが解説されている。「新聞を読む」「スーパーに行く」などの日常的な活動から航空管制官の仕事や科学実験などの専門的活動にまで、エスノメソドロジー研究が一貫した態度で研究に向かっていることを感じられるだろう。

第Ⅳ部　読んでみる

16 読む経験を「読む」
社会学者の自明性を疑う調査の方法

酒井信一郎

> ── これから紹介する調査をもとにして書かれた論文 ──
>
> 酒井信一郎「メディア・テクストのネットワークにおける成員カテゴリー化の実践」『マス・コミュニケーション研究』77号、2010年、243-259頁。
>
> 　現代のマスメディア環境では、時間的にも空間的にも性質的にも全く異なる場面で生成されたメディア・テクスト（ここでは文書に限定されない、メディア上に表出する様々な言語を用いたモノを指す）同士が相互関係を持つ現象がしばしば見受けられる。こうしたメディア・テクスト同士によるネットワークを産出する実践について、本論文では英国のある公共広告動画とそれを取り上げたインターネット上の記事を題材にエスノメソドロジー的な分析を行なった。

1. 社会調査は対象の何に「社会」を見るのか

　本章の主題は「自己の経験を社会調査の対象とするための方法」である。これは社会調査としても、また社会学としても、いささか奇妙に聞こえるかもしれない。社会調査は文字通り「社会」を対象に調査を行なうものであるからだ。だが、私がこの論文で問題にしたのは、まさにその「社会」というものを社会調査はどこに見ているのか、ということなのである。前半では「読む」調査にとっての「社会」の位置づけを整理する。後半では論文で用いたデータ収集の経緯を、分析を導くうえでの着眼点とともに整理する。

社会＝人間交際？
　福沢諭吉は英語のsocietyの翻訳語として「人間交際」という語を用いた

ことがあった。現在日本語に定着している「社会」という語を福沢が使い始めるのは『文明論之概略』の出版以降で、それまでは「人間交際」や「交」といった複数の語を文脈にあわせて使いわけていた。Society に相当する概念がいまだ日本（語）にはなかった時代の苦労である（柳父 1982）。かりに「人間交際」が定着していたとしたら本書もまた『最強の人間交際調査入門』となる。これはこれで新たな読者層を開拓できるのかもしれないが、「社会調査」という名のもとに行なわれている研究が果たしてどこで「社会＝人間交際」とかかわりを持つのかを考えてみれば、社会調査（者）はまずもって人間と人間のかかわりからなる何らかの現象を調査するのだから、社会調査の対象が「社会＝人間交際」となるのは必然である。加えて、社会調査（者）は対象となる現象の当事者と何らかの形で接触するという点で「社会＝人間交際」的なかかわりを持つ。前者を「対象のなかに社会＝人間交際を見る」点、後者を「対象との接触において社会＝人間交際を見る」点として整理してみよう。しからば、『最強の人間交際調査入門』もあながちまとはずれな書名ともいえない。「話を聞いてみる」「行ってみる」「やってみる」といったこれまでの章において論じられた調査方法は、いずれの点も満たすものである。

　では、本章を含めた「読む」系統の調査方法にとって、これら２点はどうだろうか。

「読む」調査が「読む」経験を扱っていない!?

　第一の「対象のなかに社会＝人間交際を見る」点に関していえば、「読む」系統の調査方法にもその他の系統の調査方法と共通するものがある。「話を聞いてみる」「行ってみる」「やってみる」といった調査が調査対象のなかに「社会」を見てきたように、「読む」調査は調査対象となるテクストのなかに「社会」を見てきたからである。一般的に「テクスト」というと文書や記録のことを指すが、メディア社会学では「メディア・テクスト」（論文要約参照）のように（マス）メディアを通じて伝搬される作品全般を指す概念として使用されることが多いので、ここでは「人間が何らかの表現を用いて制作した

モノ」と広く捉えておこう。ポーランド移民による日記や手紙の分析を通して米国への適応具合を調査したズナニエツキとトーマス（Thomas & Znaniecki 1919）やフランクリンの道徳訓のなかに資本主義の「精神」の体現をみたヴェーバー（Weber 1920 = 1987）はもちろんのこと、牧野智和が就職対策書を読んだのも、現代人を「自己分析」へと導く機能の構成要素をそれらのなかから見いだすためであった（本書第14章）。「読む」調査（者）にとってテクストとは、それを通じて「社会 = 人間交際」に接近するための重要なデータなのである。統計調査もまた、「読む」調査の一種であるといえる（Watson 2009）。M字型曲線グラフから日本人における女性の年齢別就業状況を「読む」とき、調査者は統計資料というテクストを通して日本社会の動向を見ようとしているのである。

　第二の「対象との接触において社会 = 人間交際を見る」点はどうだろうか。こちらはその他の調査とはやや事情が異なりそうだ。「読む」調査の対象はなにしろテクストであるから、対象と調査者との間に直接的な人間関係が持たれることはない。だからといって「読む」調査が「社会 = 人間交際」と無関係かといえば、これから論じるように、そのようなことはない。ただ、テクストを「読む」という活動や経験は、後述するエスノメソドロジーを除いて、「読む」調査の範疇には通常入らないのである。

　先に確認したとおり、テクストを通じて何らかの社会現象を見いだすことが従来の「読む」調査にとっての関心である。本章の意図はその成果を問題視することにはない。「読む」調査が伝統的に「読む」経験をあたかも「社会 = 人間交際」から孤立した活動であるかのように扱ってきたことを問題化したいのである。いささか皮肉な事態ではないだろうか、「読む」調査に「読む」ことの調査が含まれていないとは？　そもそも「読む」調査のためにはテクストを「読める」ことが当然できなければならないし、読み手なり作り手なり複数の人間の間で共通の理解が成立していなければ、テクストを「読む」ことからして不可能である。加えて共通理解が得られるということは、それが公的なものであることを意味する。しからば、「読む」経験というものは、社会学としても、また社会調査としても、十分探求に値する主題

であるはずだ。従来の「読む」調査が所与としてきたものをあらためて「読む」調査の主題に据えてみよう。私は本論文を書くことによってそう挑戦したのである。

2. データに遭遇する

　この論文で取り上げた動画は、乗用車を運転中に携帯電話でメールを打つことの危険性を訴える英国の公共広告動画だった。「COW」と銘打たれたこの動画は英国の地方警察が学校教育用に制作・配布したもので、当初は地方の高校でのみ上映されていたものがインターネットの動画共有サイトYouTubeに掲載されたことにより短期間に世界中の視聴を集めるにいたった（http://www.youtube.com/watch?v=R0LCmStIw9E）。日本でも各新聞社がこの動画の流行を報道していたりSNSを通じて話題が広まっていたりしたので、ご覧になったことがあるかもしれない。2009年夏のことである。

　「COW」の映像の流れは、以下のようなものである（図1参照）。まず、3人の少女が乗用車に乗っている車内の場面が映る。運転手の少女は携帯電話を操作しながらハンドルを握り、前方を注視していない。少女たちの乗った乗用車はやがてふらつき、対向車線を走る乗用車に正面衝突する。衝突し停止した少女たちの乗る車両に今度は別の車両が追突する。二度にわたる衝撃で車両は激しく損傷し、車内の少女たちも負傷する。救助活動が始まると最初に衝突した車両には4人家族が乗っていたことが判明する。子どもが両親に「お父さん、お母さん、目をさまして」と呼びかけるが、返事が返ってこない。

　「COW」との出会いはまったくの偶然だった。このとき私は趣味のプロレス動画を見るためにYouTubeを訪れていただけで、論文を書くためにデータ収集をするというような調査意識を持っていたわけではなかった。じじつ、私が「COW」を発見したのはない。YouTubeが私に「COW」を紹介してきたのである（YouTubeには利用者の視聴傾向にあわせて他の動画を紹介してくるアルゴリズムがあるらしい）。およそ「調査」といえるような段取りがここに

図1　COWのあらまし

あったとは言い難い。だがこの動画との出会いこそが、私がこの論文を書くうえでの「ユーレカ！」となったのである。私はこの公共広告（テクスト）のあらましを前述のような形で記述でき、一定のストーリー性やメッセージ性を持ったものとして理解できた。しからば、それらがどのようにして組織化されているのかを分析すれば、私には従来の「読む」調査ではなされてこなかった、「読む」経験そのものを対象とする新たな「読む」調査ができるのではないか。

自分の「読み」を書き出してみる

　前述の「COW」についての紹介は、以上のような閃きを得た直後に書き出してみたものである。自分がこの映像をどう見たのかということを、言葉にしてみたわけだ。

　すると、あることが見えてきた。「COW」には何人もの人物が登場するわけだが、私が登場人物ひとりひとりをどのように記述するのかによって「COW」の持つストーリー性が変わるのである。これは重大な気づきだった。一連の事故映像が作り物であり、編集された結果であることはわかっていた。運転中のよそ見も事故に遭う様子も演技であり、血みどろの惨事も特殊効果であることはわかっていた。しかしながら、かりにそのような書き方をもって「COW」を前述していたとしたら、どのようなストーリーとなるだろうか。「子供が両親に「お父さん、お母さん、目をさまして」と呼びかけるが、返事が返ってこない」という一文を、たとえば「子役の俳優が「お父さん、お母さん、目をさまして」と大人の俳優2人に呼びかけるが、返事は返ってこない」と記述していたら？　このような記述も、もちろん可能ではある。だがこのように記述してしまったとたん、この公共広告が描こうとしている

交通事故の悲惨さや、今回その原因となったよそ見運転の危険性というようなストーリー性はどこかにいってしまう。かわりに得られるのは、この映像の作為性についてである。

このことに気づかせてくれたのは、初期エスノメソドロジーの重要人物ハーヴェイ・サックスであり、彼のアイデアを「読む」ことの理解可能性の分析へと発展させた後年のエスノメソドロジストたちである（Watson 2009; Francis & Hester 2004＝2013）。絵本を読んでいた幼児が、とあるページに描かれた情景を「赤ちゃんが泣いた。お母さんが抱き上げた」と報告してきた、というサックスの有名な事例がある。この報告自体には驚くようなことはなさそうだ。いたって自然に聞こえる。だがサックスにとって、この「自然に聞こえる」という点こそがまさしく重要な分析ポイントだった。この報告が「自然に聞こえる」、すなわち適切に構成されるためには、誰をどのような「カテゴリー」のもとに帰属させるか（カテゴリー化）という実践がまた適切になされていなければならないからである。社会調査では研究者が分析のために作成および使用する分類のことを「カテゴリー」と一般的にいうが、ここでいう「カテゴリー」とは、日常的に他人と意思疎通ができる言語を用いる能力を持った人々が常識的な慣習として持ち、何らかの活動を達成しようとする際に使用する、豊かな含意を持つもののことを指している。かりに「お母さんが泣いた。赤ちゃんが抱き上げた」というように主語を入れ替えてみると、この情景はおよそ「自然」とはいえなくなる。「泣いた→抱き上げた」という順に活動が流れるには、それぞれの述語の主語には適切なカテゴリーが慣習的に伴うからである。また、「赤ちゃん」や「母親」といったカテゴリーは「家族」というカテゴリーの集合に属するカテゴリーであるから、これらの人物が同じ「家族」に属するとみなされる、というような規則性もここでは働く。こうしたカテゴリーの集合と適用規則のことをサックスは「成員カテゴリー化装置（membership categorization device）」と呼び、その集合に属する特定のカテゴリーの行なう活動には義務や優先権が生じると指摘した。かりにさきほどの報告が「赤ちゃんが泣いた。お母さんが抱き上げなかった」とすると、道徳的にどこか問題がある「母親」であるように聞こえてく

るのは、そのためである。

　サックスのカテゴリー論を追うと、彼がなぜこれらを「カテゴリー」と呼び、より社会学的になじみのある、たとえばゴッフマン（ちなみにサックスには大学院でゴッフマンのゼミに所属していた時期がある）のいう「役割」という用語を採用しなかったのかがわかる。「役割」とは地位に応じた行為内容であり、それを個人が行なうかどうかが議論の焦点となる。他方、サックスのカテゴリー論は、幼女の報告がごく「自然に聞こえる」のだとしたら、それはどのようにしてなのか、という理解の可能性を分析の俎上にのせるための議論なのである。つまり誰をどのようなカテゴリーのもとで既述するのかという問題は、理解可能性と不可分な問題なわけだ。

同じ「読み」をした人を探してみる

　登場人物のカテゴリー化実践というテーマが自分自身の記述を通じて見えてきたところで、今度は私と同じ「読み」をした人をインターネットで探してみることにした。この映像を見て自分と同様のカテゴリー化を実践した人はいないだろうか、と探してみたのだ。サックスにならって、読む経験は論理的な再現性をもって記述可能であり、それはまた公的に接近可能なものであるという主張を打ち出そうと私は考えた。

　今度の検索はより意識的に探求していった。私が習熟している言語は英語と日本語だけなので、その両方の言語で Google 検索をかけてみた。英語では「texting」「UK」「driving」「teen」、日本語では「運転」「携帯電話」「交通事故」「イギリス」といった言葉を組み合わせて検索してみた。検索結果は次々と得られた。まずはそれらを片端から読み、すべて PDF 形式で手元のパソコンに保存した。過去のテクストを長期的に網羅したい場合には新聞社などの運営する有料データベースが強力なツールとなるが、今回のように現在進行中の時事的な内容の場合は、発見次第保存する習慣を身につけておくとよい。インターネット上のテクストは（とりわけブログや個人のサイトのそれは）、後日あらためて読み返そうとしても削除等の理由により入手不可能となっている場合がままある。じじつ、この原稿を書いている 2013 年

末に当時保存したPDFファイルのもとになったウェブサイトにアクセスしてみると、それらの多くは消えていた。

　直接の分析対象ではないにしても、背景情報や事実関係の資料収集は論文を書くうえで欠かせない。「COW」の制作意図や訴求点についての資料面では、既存のマスコミ系のニュースサイトが助けとなった。一次資料もまたインターネット上で入手できた。この公共広告の制作に協力したウェールズ地方のグウェント警察は、私がYouTubeで見たのと同じ動画を添えた公式資料を公開していたのである。

　続いて、書き手と読者のやりとりが行なわれるウェブサイト、具体的にはウェブログがこの論文の問題関心を立証するのに最適であるということがわかってきた。未成年の子供を持つ親を対象とした米国のウェブサイト「ParentDish」に掲載された、あるブログ記事が私の目にとまった。とある女性コラムニストが「COW」について書いた記事が1900個を超えるコメント数を得て、彼女の寄稿記事のなかでも最も多くの反響を得た記事となっていたのだ。そこではコメントを書き込んだ人々が自らの意見を表明するために自身がどのようにこの映像を理解したのかを説明し、記述していた。つまりカテゴリー化の実践というものの明確な言語化がここには表れていたわけだ。

　ここまでくれば、あとはひたすらこのブログの参与者（ここでは書き手とコメントした読者の双方）が、どのような人物カテゴリーを用いることによって何を主張しているのか、その実践のありようを丹念に見ていけばよい。この分析内容は拙著論文の第3節を参照していただきたいのだが、この論文の学術的な位置づけを導いてくれたのもまた、一連の書き込みであった。カテゴリー化に注意して読んでいくと、複数のテクストがカテゴリー化によってネットワークを取り結ぶ関係にあることが見えてきた。たとえば、ある書き手Aが書き込む際に行なったカテゴリー化が書き手Bの書き込みに引き継がれ、そして書き手Cの書き込みに続き……といった具合に、カテゴリー化は、それを引き取った次の語り手が、賛同したり異論や反論を唱えたりする際に自らの意見を表明する資源となっていたのである。これは、「間テクスト性」という近年マスコミ研究のなかで指摘されている概念は、人々の実

践のなかに見いだしうることを意味していた。かくして「メディア・テクストのネットワークにおける成員カテゴリー化の実践」という主題が定まった。テクストを「読んで理解する」ことがテクストを「つくる」ことにも深く関わるものである、という本論文の骨子もまた、以上のような参与者の実践的関心事と私の論文執筆上の関心事が重なったときに得られたものなのであった。

3. 社会学者の自明性を疑う

　まとめよう。第一に、テクストを読めるということは、そこに記述されている内容が理解できるということ。第二に、こうした理解は偶然起こっているものではなく秩序化されたものであり、私たちはそうした秩序を常識的な知識の集積、すなわち社会的な決まりごととして知っているということ。第三に、このようにしてテクストを読んで理解するという状態が達成されていなければ、社会的活動は行なえないということ。第四に、こうした理解は個人的な認知によるものではなく、他者も接近可能であるという意味で公的なものであるということ。そして第五に、以上のような意味において、テクストを「読む」という経験は、「社会＝人間交際」的なできごとなのである。どのようなデータ（とその集め方がよいのか）という問題は、どのような関心や探求目的に基づいた調査をするのか、ということと不可分であることも最後に強調しておこう。本章の内容は社会調査の方法としては「異例」であったかもしれないが、「何でもあり」では決してない。

　かつて私が社会学部に入学したとき、社会学は人々が日常生活のなかで持つ自明性を問い直す学問である、と学んだものである。この論文で私が問い直したことは、社会学者自身が伝統的に行なってきた「読む」調査における自明性なのである。

【参考文献】
柳父章、1982、『翻訳語成立事情』岩波書店。

Thomas, W. I. & Znaniecki. F., 1919, *The Polish Peasant in Europe and America : Monograph of an Immigrant Group, Volume III. Life-Record of an Immigrant*, Boston : Badger.
Watson, Rod., 2009, *Analysing Practical and Professional Texts : A Naturalistic Approach*, London : Ashgate.
Weber, M., 1920, "Die protestantische Ethik und der 'Geist' des Kapitalismus," *Gesammelte Aufsatze zur Religionssozioligie*, Bd.1, pp.17-206.（＝1989、大塚久雄訳『プロテスタンティズムの倫理と資本主義の精神』岩波書店）

【Further Readings】
S. Hester & D. Francis, *An Invitation to Ethnomethodology : Language, Society, and Social Interaction*. London : Sage.（中河伸俊・岡田光弘・是永論・小宮友根訳『エスノメソドロジーへの招待──言語・社会・相互行為』ナカニシヤ出版、2014年）
　「自己省察とは［……］自分自身を、あるいはもっと特定していえば、自分の経験とおこないとを、分析のトピックにするということである。自分自身のことならば、毎日の日課から自分の感情にいたるまで何でも取り上げて分析のトピックにできる」(62頁)。本章はWatson (2009) および本書を素地としているが、とりわけ私が影響を受けたのが第3章である。エスノメソドロジーならば、読む経験について調査することができる。そしてそれは、社会学なのだ。

おわりに──社会学をするってどういうこと？

「社会学って何だろう？」「何をすれば社会学になるんだろう？」──もし、本書を読んだ皆さんが、これまでそういった疑問をもったことがあるとすれば、その理由の1つは、「社会学」という名のもとで行なわれてきた研究が非常に多様であるからかも知れません。たとえば、「社会学ならどんなことでもテーマになるよ」といったことを言われた経験がある人は多いのではないでしょうか？　さらに、研究対象も方法論も方法もあまりにいろいろで、それらをまとめて「社会学」ないし「社会学をしている」と言うことができる根拠のようなものが見つけにくいかもしれません。

しかし、それでも、「社会学ならどんなことでもテーマになるよ」はもっともなことなのです。これを理解するためには、社会学的研究を標榜しているさまざまな取り組みに共通している「社会学（的研究）のものの見方」を示す必要があります。それはまた、「何をすれば社会学になるんだろう？」という問いへの1つの見通しを示すことにもなります。

そこで、本書に収められた各論考に共通した「社会学（的研究）のものの見方」について簡単に説明したいと思います。それこそが、多様なフィールドで、かつさまざまなやり方でなされた調査を「社会学的研究」としてまとめることを可能にする重要な要素なのです。

1. 何をやったら社会学になるのか

では、さまざまな調査を貫くものの見方とは何でしょうか。ここでは「秩序」と「規範」の2つのキーワードを挙げたいと思います。

まず、「秩序」とは、何をすることが適切なのかを知っている状態、という言い方ができます。このような言い方をすると、その場その場での振る舞い方のみに焦点化しているように見えるかもしれませんが、もちろんそれだ

おわりに

けではありません。道を歩いている人を見て「あのポストは走っている」とは言わないように、特定の対象に対する理解の仕方と、それをどのような言葉で表現するかといったことも含まれます。こうしたことが成立している状態をもって、「秩序だっている」と言います。

そして、何かが「秩序だっている」と見えるということは、そこには「規範」があるということも同時に言えます。「規範」とは、すでに述べた「適切さ」のことを指します。ここでの「適切さ」とは、あくまでも研究対象とした人々にとってのものであるということ、ゆえに「規範」の内容は場面や状況、あるいは歴史によって変わりうるし、それによって成立する「秩序」のあり方もまたそうであるという点には注意が必要です。

さて、ようやく冒頭の「何をすれば社会学になるんだろう？」という問いに立ち戻る準備ができました。つまり、こうした「秩序」と「規範」に注目して社会を論じることが「社会学をすること」の1つのやり方なのです。本書に収録されたいずれの論考も、実に多種多様でありながら、「秩序と規範」に眼差しているという点では共通しています。

もう1つの問いにも答えておきましょう。「社会学ならどんなことでもテーマになるよ」とはどういうことなのか。それは、「秩序と規範」を見出しうるものは、私たちの社会において無数にあるのだということを述べているのです。本書に収録されている論考は、そこで研究対象となっているフィールドひとつとっても非常に多様であるのは、まさにそれを反映しています。

ただ、あまりに多様であるゆえに、個々の対象へのアプローチの仕方もまた多様なものとなります。教条的に言うなら「研究対象と知りたいこと」に即したアプローチの仕方を考えようということになりますが、これについてもう少し考えやすくするために、私たちは1つの補助線を用意しました。それが序章でも述べた「タグ」です。以下、「タグ」による分類に即して、本書に収録された各論考を捉え直してみたいと思います。

身近なことに注目する

これは、タグでいうと、「「自分の経験」を活かしたくなったら」「身近な

おわりに

人を扱いたかったら」「自分の好きなもの（趣味）をを扱いたかったら」のついた調査を指します。

　この本にはさまざまな人々が調査を受ける対象として登場します。親戚や友人、職場の同僚や先輩・後輩、趣味を通じて知り合った友人、そして自分自身の体験もまた、調査の対象として検討されます。例えば、第2章（矢吹康夫）では、同じような体験を持つ人たちとグループを立ち上げ、そこで出会った人々に対してインタビューを行ないました。第1章（朴沙羅）は、親戚から「昔の話」を聞こうと思ってインタビューを始めました。第11章（東園子）は、自分自身がファンとして参加している活動に、同じように参加している人たちを調査の対象にしました。第5章（前田拓也）は、自立障害者の介助という場に関わることを通じて、変化していく自分自身を記述しています。第6章（松田さおり）は、アルバイトとしてフィールドに参加し、自分の職場を調査することで、一見すると「入りにくそう」と思われる場所を調査することに成功しています。第16章（酒井信一郎）は、インターネット上の記事や書き込みを読む行為を分析の対象にしていますが、その際に、自分自身の読む行為をも対象にしています。

　このように、個人的な体験や身近な人から始める調査がある一方で、「全体」を把握することから始まる調査もあります。第3章（デブナール・ミロシュ）は、まず調査したい対象を明確にし、そのあとにどうすればその対象を把握できるか考えました。第14章（牧野智和）は、特定のトピックの変遷を調査することにし、それを調べるのに充分な範囲を検討してから、調査対象の収集を始めています。この2つはどちらも、調査の始めの段階で、調査する対象をあるていど明確にしています。第3章と第14章は、一見すると「身近なことに注目する」調査とは正反対に見えるかもしれません。しかし、この違いは「どうやって対象にアプローチするか」という方針の違いにすぎません。「全体」を把握することから始める調査は、最初に自分は何を知りたいのか、そのためにどうすればいいのかを検討するところから始めます。つまり、第3章と第14章は、調査対象を「身近なこと」にするところから調査を始めたといえるでしょう。よく知っている対象から始めると、

おわりに

「よく知っている」ことを、どのような議論の文脈に載せ、どのように自分のデータの新しさを示すかが問題になります。ある意味で、すでに知っている「答え」（データ）から、論文を書くときの問いを探すのです。これは、どちらが正しく、どちらが間違っているということではありません。問いを立て、対象を探し、調査をし、また問いを建て直し、データを集めていく、という過程は、どちらの道をたどっても同じだからです。

調査者自身も含め、個人の体験は、個人から生まれるのではありません。個人の体験は、その体験が何だったのかを理解し、伝える相手がいなければ伝えられることはありません。ある体験を何として述べるかということは、そのまま、その事柄がどのように理解されるべきなのかを表明していることです。そして、その体験を誰かに伝えることは、その事柄の理解のされ方を伝えることです。つまり、「個人的な体験」を人に伝えるということは、まったく個人的なことではないのです。身近な人々は、それぞれ歴史を持っています。そして、調査者自身を含めた身近な人々こそ、歴史であり社会であって、他のところに社会はありません。

実際に行なわれていることに注目する

この本には、調査地や調査対象者が（そして時には調査者も）、ごく当たり前にとっている行動に注目する調査が出てきます。仲間うちで「あるある」と言いあうとき、私たちは互いに、自分たちの属する集団のなかの決まりごとや価値観を共有していることを示しあっています。この決まりごとや価値観は、指摘されなければほとんど意識されず、「ふつう」に行なっている物事として表れてきます。

「実際に行なわれていることに注目する」というのは、本書で描かれてきたさまざまな調査が、共通して重要視してきたことです。タグでいうと、「約束事の多い場所で調査をすることになったら」「仕事／働きかたを扱いたかったら」のついた調査が、この2つめのグループに入ります。

例えば、第9章（木下衆）では、フィールドノートをとるというのは、実際のところどういうことで、何に気をつけたらいいのかが、調査が進むにつ

れて変化していく様子が描かれています。第12章（平井秀幸）は、グループの一員として調査するなかで、受刑者が何を実際に行なっているのかを記述することが、調査地だけでなく調査グループにも評価される論文を産み出していったことを教えてくれます。第13章（秋谷直矩）は、「いつもどおり」の振る舞いと「いつもと違う」振る舞いの違いに気づくために、どうやってビデオを使えばいいのかを考えています。

　実際に行なわれていることに注目するのは、「調査で何をしたらいいかわからなくなった」ときに立ち返ってみるべきポイントの1つでもあります。第9章では、家族会とはどういう場で、何が話題になり、何が重要視される事柄なのかを理解したとき、それまでのフィールドノートが充分に役に立つことがわかります。第12章では、グループで調査するとき、自分の書きたいことが書けないという制約が、かえって調査対象者が行なっている行為そのものに目を向けさせました。「実際にその場で行なわれていることに注目する」というのは、さまざまな制約を抱えながら調査をするときにも重要な視点なのです。

「普通」のことに注目する

　もちろん、実際に行なわれていることを丹念に観察し、記述する要素がまったくない社会調査（特に質的調査）はほとんどないと言っていいでしょう。そして、観察し記述することは、調査者の変化と平行して生じ、調査が進んでいくにつれて、調査で注目する点が変化することもあります。それは、調査地になじんできたことを意味しています。調査地になじんできたということは、言い換えると、調査地で何が「普通」で何が「普通でない」のかを理解してきたことです。

　この、調査地で何が「普通」で何が「普通でない」かを理解することが、社会調査をするときの3つめのポイントです。第15章（小宮友根）は、刑事裁判の判決文を読むという行為を、ある種の社会調査として描いています。判決文のなかに何が、どのように書かれているのかを読むことで、敗訴した側を説得し、裁判官やその判決を読む人々（多くは法律の専門家でしょう）を

納得させるための、判決文を判決文たらしめている理解の枠組みを明らかにしようとしています。この理解の枠組みこそ、第15章が探求している「秩序と規範」です。第13章（秋谷直矩）・第16章（酒井信一郎）もまた、第15章のように、会議に参加している人たちや、インターネット掲示板を読み、書き込む人たちは何を「普通」と見なしているのか、それがどのように作り上げられ、どんな秩序をもたらしているのかということを分析しています。

そして、この「普通」のことに注目するという方法は、この本に収録された論文のなかに、「失敗」に注目したものがあることにも現れています。タグでいうと、「調査の相手とどう付き合えばいいかわからなくなったら」「調査先で叱られないか心配だったら」というのがついている論文です。調査をするなかでの「失敗」と試行錯誤自体が、実際には、しばしばその調査を成功させるにあたって非常に重要なものになっていることは少なくありません。調査における「失敗」は、「規範と秩序」を習得していくプロセスのなかで生じます。第10章（團康晃）は、調査地でどうやってつかず離れずの距離を保っていけばいいか、調査者が調査地の人々に還元できることとは何かを考えています。第7章（有本尚央）と第8章（打越正行）は、一見すると「失敗」に思えることを通じて、調査地でのルールを学んでいくプロセスを丁寧に書いています。調査をするなかで経験する「失敗」や「成功」は、何が「失敗」や「成功」であるかを知ることも含めて、調査地における「普通」を学ぶプロセスなのです。

2.「面白い」調査って？

「はじめに」で書いたように、この本はまず、読者の皆さんに「社会調査って面白いんだ」「これだったらマネできそう」と思ってもらうための本です。この本は、本や学術雑誌に載っている、いろいろな論文のメイキングの過程を書いてきました。そして、この「おわりに」では、それぞれの論文を「社会学」にするための「種明かし」を試みました。

社会調査を「面白い」ものにする工夫は、この本に収録された論文の著者

おわりに

　ひとりひとりが、その場で編み出してきたものです。けれども、その方法は誰にでもマネできるものです。いかにも「いかがわしい」場所で、日頃は会わなさそうな人々を対象にするときでも、あるいはインターネットの画面やどこでも買える雑誌やアルバイト先、会議のひとこまといったありふれた対象を調査するときでも、社会調査は「面白い」ものになりえます。身近なところから（あるいは、対象を身近にするところから）調査を始める、その場で実際に行なわれていることに注目する、「普通」のことに注目する、という3つのやり方は、おそらく皆さんのどなたにとっても「使える」方針だろうと思います。

　この本を読んでくださった皆さんが、この本を読んで「社会調査って思ったよりおもしろそうだ」「これならマネできそうだ」と思ってもらえたらいいな、と、執筆者一同、心から願っています。そして、皆さんが調べたい事柄に出会ったとき、実際にデータを集めるとき、レポートや論文を書くときに、この本がもし皆さんの手許にあったら——この本を作ったものとして、これ以上に嬉しいことはありません。

　この本を手に、調査を始めてください。そして、迷ったらいつでも、この本に戻ってきてください。皆さんの調査を、心から応援しています。

　　　　　　　　　　　　朴沙羅・前田拓也・秋谷直矩・木下衆

人名索引

あ行

井口高志　*111*
ヴェーバー　*204*
ウェンガー　*81*

か行

クラインマン　*132, 142*
クリスティ　*155*
コップ　*132, 142*
ゴッフマン　*208*

さ・た・な行

サックス　*207, 208*
佐藤郁哉　*88*
ズナニエツキ　*204*
トーマス　*204*
西阪仰　*117*

や・ら行

山本貴光　*117*
レイヴ　*81*

事項索引

あ行

アイデンティティ　*15, 39, 119, 133*
あたりまえ　*76, 140*
あるある（ネタ）　*15, 22, 61, 140*
アルバイト　*63, 66, 72*
アルビノ　*14-19*
アンケート　*96, 122, 130*
「いかがわしい」場所　*iii, 71, 73*
板挟み　*128, 129, 145, 146, 152*
一般常識　*98*
居場所　*55*
移民　*25, 27, 30, 35*
インタビュー　*ii-iv, 4-8, 10, 11, 14, 20, 21, 23, 25, 26, 29-32, 34-37, 40, 42-46, 110, 122-124, 129, 130, 143, 187-189*

――スキル　*89, 97, 98*
インフォーマル集団　*65*
ウェブログ　*209*
SNS　*19, 20, 22, 35, 205*
エスニシティ　*25, 27, 28, 30, 31, 34*
エスノメソドロジー　*160, 201, 202, 204, 207*
オーラルヒストリー　*13*
沖縄　*89*
男の世界　*82*

か行

会議　*159-161, 165, 167, 171*
書く／読む経験が埋め込まれた活動　*190*
家族会　*103-107, 111-115*

221

事項索引

学校　119-125, 130
カテゴリー　207, 208
　　――化　207-209
　　　成員――化　210
　　　成員――化装置　207
間テクスト性　209
キーパーソン　38-46
岸和田だんじり祭　74-78, 80-82
キャリー・オーバー効果　32
ギャンブル　91-95
「空気」を読む／読まない　77, 82, 84
Google 検索　208
グラウンデッド・セオリー　37
ケア　53
刑事裁判の判決文　189, 192
刑務所　144, 146-148, 150, 154, 155
経歴　3
ケータイ小説　119, 127, 128
（研究が）役に立つ　129, 130, 155
研究成果（の報告）　129, 131, 153, 157
コウモリ　62
　　――的立場　63, 71
　　――的な存在　63
国立国会図書館　180, 181
個人史　8
コミュニティ　19, 21-23, 38, 40, 41

さ　行

再現可能性　183
参与観察　ii, iv, 62, 64, 96, 130
恣意性　185
「恣意的」な引用　182
ジェンダー　132, 135, 138, 140
自己紹介　54, 79
仕事仲間　62
実践の記述　149-152, 155, 169, 170
質的特性　183, 185
失敗　74, 75, 78, 80-84, 94-97
　　――しながら知る　96
障害学　17
障害者（運動）　53

上下関係　79, 80
触法行為　97
書籍検索データベース　180
書籍メディア　179, 180
自立生活センター（CIL）　55, 56
素人　124, 147, 188-190, 192, 193, 197, 200
　　専門的――　196, 198, 200
心理主義化　176, 177
スティグマ　18
性同一性障害　38, 40, 42-44
世間知らず　89, 98
設定　57, 61
セルフヘルプ　17, 19, 105, 116
全体観察　147, 148, 157
選択　191, 192, 196
　　――の技法　196, 200
専門家　147, 193

た　行

対象資料の特性（世界観）　182
宝塚歌劇　132, 133, 135, 138-143
『タクシー・ダンスホール』　67
立場の二重性　83
タテ社会　78, 82
地図　178, 179
秩序と規範　115, 213, 214, 218
地元社会の一員　94
中古本市場　181
調査計画　120, 121
追跡調査　26
データ　11, 12
データベース（化）　179, 180, 198
当事者　14, 15, 43, 44
当惑するわたし　57, 58, 60, 61
読者　51, 52, 60
トラブル　103, 164
トランスジェンダー　38, 40, 44

な　行

内容分析　183
仲間　63, 65, 66, 68

222

なぜほかではなくそれが　*191-193, 196*
ニーズ　*148, 149*
認知症　*106, 109-116*
年功序列　*79*
ノイズ　*58*

は　行

パシリ　*86*
ハラスメント　*69, 71*
「判決の正当化」という活動　*193*
BL(ボーイズラブ)　*141*
ビデオカメラ　*105, 107, 159, 160, 165, 170*
人あたりのよさ／悪さ　*89, 98*
人見知り　*54*
ファン　*133, 135-143*
フィールド　*38-44, 46*
フィールドノート　*5, 90, 103, 104, 106-117, 123-125, 160-162*
フィールドワーク　*iv, 6, 39-43, 63, 103, 105, 123, 125, 140, 142, 144-148, 150, 152, 154-158*
不快な経験　*59*
福祉専門職　*59*
福祉の世界　*53, 54*
プロレス　*141*
プレ調査　*26, 28, 29, 31, 32*
文脈　*33, 34*
暴走族　*86*
「ほかでもありえた」記述　*195*

ま　行

未加工の社会　*189, 197, 200*
皆が何となく知っている事象　*177*
メディア・テクスト　*202, 203, 210*

や　行

役割　*208*
　──葛藤　*83*
ヤンキー　*87*
YouTube　*205, 209*
よそ者　*72, 76, 77*
「読む」経験　*204, 206, 208*

ら　行

ライフイベント　*16*
ライフ・ヒストリー(生活史)　*25, 26, 29*
量的特性　*183*

執筆者一覧（執筆順、＊は編者）

＊朴沙羅（ぱく・さら）
　1984年生まれ。京都大学大学院文学研究科博士後期課程研究指導認定退学。現在、神戸大学大学院国際文化学研究科講師。移民・エスニシティ研究。『家の歴史を書く』（筑摩書房、2018年）、『外国人をつくりだす──戦後日本における「密航」と入国管理制度の運用』（ナカニシヤ出版、2017年）、ポルテッリ『オーラルヒストリーとは何か』（翻訳、水声社、2016年）ほか。

矢吹康夫（やぶき・やすお）
　1979年生まれ。立教大学大学院社会学研究科博士後期課程満期退学。現在、立教大学社会学部助教。専門は障害学、ライフストーリー研究。『私がアルビノについて調べ考えて書いた本──当事者から始める社会学』（生活書院、2017年）、『ライフストーリー研究に何ができるか──対話的構築主義の批判的継承』（分担執筆、新曜社、2015年）、ほか。

デブナール・ミロシュ
　1979年生まれ。京都大学大学院文学研究科博士後期課程研究指導認定退学。現在、同志社大学社会学部社会学科助教。移民・国際移動、エスニシティ・人種に関する研究。『Migration, Whiteness, and Cosmopolitanism : Europeans in Japan』（Palgrave, 2016年）、『Family and social change in socialist and post-socialist countries』（分担執筆、Brill, 2014年）、ほか。

鶴田幸恵（つるた・さちえ）
　1975年生まれ。東京都立大学大学院社会科学研究科社会学専攻博士課程修了。現在、千葉大学文学部准教授。ジェンダー・セクシュアリティ研究、コミュニケーション論専攻。『性同一性障害のエスノグラフィ──性現象の社会学』（ハーベスト社、2009年）、『概念分析の社会学2──実践の社会的論理』（分担執筆、ナカニシヤ出版、2016年）、ほか。

＊前田拓也（まえだ・たくや）
　1978年生まれ。関西学院大学大学院社会学研究科単位取得退学。現在、神戸学院大学現代社会学部准教授。福祉社会学、障害学専攻。『介助現場の社会学』（生活書院、2009年）ほか。

松田さおり（まつだ・さおり）
　1970年生まれ。名古屋大学大学院文学研究科博士課程後期課程人文学専攻修了。現在、ハインリッヒ・ハイネ大学現代日本研究所客員研究員。人文学専攻。『占領期生活世相誌資料II　風俗と流行』（共編、新曜社、2015年）、『今どきコトバ事情──現代社会学単語帳』（分担執筆、ミネルヴァ書房、2016年）、ほか。

有本尚央（ありもと・ひさお）
1980年生まれ。京都大学大学院文学研究科博士後期課程研究指導認定退学。現在、甲南女子大学人間科学部准教授。文化社会学、地域社会学。「岸和田だんじり祭の組織論——祭礼組織の構造と担い手のキャリアパス」（『ソシオロジ』57 (1)、2012年）、「都市祭礼における「暴力」と規制——「スポーツ化」する岸和田だんじり祭」（『フォーラム現代社会学』16、2017年）、ほか。

打越正行（うちこし・まさゆき）
1979年生まれ。首都大学東京人文科学研究科博士号取得。現在、特定非営利活動法人社会理論・動態研究所研究員。文化社会学、沖縄の下層若者研究。『子ども白書2012』（分担執筆、草土文化、2012年）、『持続と変容の沖縄社会』（分担執筆、ミネルヴァ書房、2014年）ほか。

＊**木下衆**（きのした・しゅう）
1986年生まれ。京都大学大学院文学研究科博士後期課程研究指導認定退学。現在、慶應義塾大学文学部助教。医療社会学専攻。『家族はなぜ介護してしまうのか——認知症の社会学』（世界思想社、2019年）、『方法としての構築主義』（分担執筆、勁草書房、2013年）、『研究道——学的研究の道案内』（分担執筆、東信堂、2013年）、ほか。

團康晃（だん・やすあき）
1985年生まれ。東京大学大学院学際情報学府博士課程満期取得退学。現在、大阪経済大学人間科学部講師。文化社会学、メディア論専攻。『社会にとって趣味とは何か——文化社会学の方法規準』（共編著、河出書房新社、2017年）、『共生社会の再構築Ⅰ——シティズンシップをめぐる包摂と分断』（分担執筆、法律文化社、2019年）、ほか。

東園子（あずま・そのこ）
1978年生まれ。大阪大学大学院人間科学研究科修了。現在、大阪大学大学院人間科学研究科招へい研究員。文化社会学・ジェンダー論専攻。『宝塚・やおい、愛の読み替え——女性とポピュラーカルチャーの社会学』（新曜社、2015年）、『バイオサイエンス時代から考える人間の未来』（分担執筆、勁草書房、2015年）、ほか。

平井秀幸（ひらい・ひでゆき）
1978年生まれ。東京大学大学院教育学研究科比較教育社会学コース博士後期課程修了。現在、四天王寺大学人文社会学部准教授。社会学専攻。『刑務所処遇の社会学——認知行動療法・新自由主義的規律・統治性』（世織書房、2015年）、『刑事司法における薬物処遇の社会学——「犯罪者／アディクト」と薬物の統治』（単訳、現代人文社、2015年）、ほか。

＊**秋谷直矩**（あきや・なおのり）
1982年生まれ。埼玉大学大学院理工学研究科理工学専攻博士後期課程修了。現在、山

口大学国際総合科学部助教。エスノメソドロジー・会話分析専攻。『ワークプレイス・スタディーズ――働くことのエスノメソドロジー』(編著、ハーベスト社、近刊)、『フィールドワークと映像実践――研究のためのビデオ撮影入門』(共著、ハーベスト社、2013年)、ほか。

牧野智和（まきの・ともかず）
1980年生まれ。早稲田大学大学院教育学研究科博士後期課程満期退学。現在、大妻女子大学人間関係学部専任講師。自己論・教育社会学専攻。『日常に侵入する自己啓発――生き方・手帳術・片づけ』(勁草書房、2015年)、『自己啓発の時代――「自己」の文化社会学的探究』(勁草書房、2012年)、ほか。

小宮友根（こみや・ともね）
1977年生まれ。東京都立大学大学院社会科学研究科社会学専攻博士課程修了。現在、東北学院大学経済学部准教授。エスノメソドロジー／会話分析、ジェンダー論『実践の中のジェンダー』(新曜社、2011年)、『概念分析の社会学2――実践の社会的論理』(共編著、ナカニシヤ出版、2016年)、ほか。

酒井信一郎（さかい・しんいちろう）
1977年生まれ。立教大学大学院社会学研究科博士後期課程単位取得退学。現在、兼業主夫。ワークのエスノメソドロジー研究専攻。『概念分析の社会学2――実践の社会的論理』(分担執筆、ナカニシヤ出版、2016年)、"Learning to become a better poet"(共著、Information Research 20（1）、2015年)、ほか。

【テキストデータ提供のお知らせ】
　本書をご購入いただいた方で、視覚障害、肢体不自由などの理由で本書を利用することが困難な方に限り、本書のテキストデータを提供いたします。希望される方は、以下の方法に従ってお申し込みください。
　下の引換券、お名前・ご住所・電話番号・データの収録を希望するメディア（メールの添付ファイルまたはCD-R）、メールご希望の場合はメールアドレスを明記した用紙、205円分の切手（メールの添付ファイルをご希望の場合は不用です）を同封し、以下の住所へお申し込みください。

　テキストデータの利用は視覚障害等の理由で本書の利用が困難な方に限り認めます。内容の改変や流用、転載、その他営利を目的とした利用は禁じます。

〔宛て先〕
ナカニシヤ出版編集部　『最強の社会調査入門』係
〒606-8161　京都市左京区一乗寺木ノ本町15番地

【引換券】
最強の社会調査入門

最強の社会調査入門
これから質的調査をはじめる人のために

| 2016 年 7 月 29 日 | 初版第 1 刷発行 |
| 2021 年 5 月 31 日 | 初版第 6 刷発行 |

（定価はカヴァーに表示してあります）

編　者	前田拓也　秋谷直矩
	朴　沙羅　木下　衆
発行者	中西健夫
発行所	株式会社ナカニシヤ出版

〒606-8161　京都市左京区一乗寺木ノ本町 15 番地
TEL075-723-0111　FAX075-723-0095
http：//www.nakanishiya.co.jp/

装幀＝宗利淳一デザイン
印刷・製本＝亜細亜印刷
©T. Maeda, N. Akiya, S. Park, S. Kinoshita et al. 2016
＊落丁・乱丁本はお取替え致します。
Printed in Japan.
ISBN978-4-7795-1079-3　C1036

本書のコピー、スキャン、デジタル化等の無断複製は著作権法上での例外を除き禁じられています。本書を代行業者等の第三者に依頼してスキャンやデジタル化することはたとえ個人や家庭内での利用であっても著作権法上認められておりません。

同化と他者化
戦後沖縄の本土就職者たち
岸 政彦

復帰前、「祖国」へのあこがれと希望を胸に、本土へ渡った膨大な数の沖縄の若者たち。しかしそれは壮大な「沖縄への帰還」の旅でもあった――。詳細な聞き取りと資料をもとに、「沖縄的アイデンティティ」のあり方を探る。

三六〇〇円

社会的なもののために
市野川容孝・宇城輝人 編

平等と連帯を志向する〈社会的なもの〉の理念とは何か。〈社会的なもの〉とは何であったのか、それらを正負両面から批判的に問い直し、その潜勢力を、来たるべき「政治」に向けて、徹底的に討議する。

二八〇〇円

宗教の社会貢献を問い直す
ホームレス支援の現場から
白波瀬達也

現代における「宗教の社会参加」をいかにとらえるべきか。FBO(宗教と結びつきのある組織)というゆるやかな概念を基本軸に、ホームレス支援の現場における詳細なフィールドワークをもとにその現状と課題を問う。

三五〇〇円

エスノメソドロジーへの招待
言語・社会・相互行為
D・フランシス&S・ヘスター著／中河伸俊他訳

家庭での日常的な会話から公共の場所での行為、教室や病院、職場でのやりとりからさらには専門的な科学研究の現場まで。そこで何が起きているかを分析する人びとの方法論＝エスノメソドロジー研究の実践方法を平易に解説する待望の入門書。

三〇〇〇円

表示は本体価格です。